BAKERY CAFE SANDWICH

베이커리 카페 샌드위치

김정윤 지음

BnCworld

PROLOGUE

프롤로그

20대에 일을 시작하면서 스스로에게 약속한 게 있다. 매달 일에 관계된 전문 서적을 몇 권씩 구매하자는 것이다. 덕분에 30년이 지난 지금, 조리, 베이커리, 커피, 샌드위치 관련 국내외 도서들이 책장에 빼곡하다. 시간의 흐름에 따라 관심을 갖고 열정을 쏟은 흔적이 고스란히 책으로 남게 된 것이다. 그중에는 샌드위치 책도 상당하다. 샌드위치는 매우 간단한 식품이어서 재료와 조리법이 크게 다르진 않지만 세세히 읽다 보면 각각의 책에서 취할 것들이 있어 도움이 된다. 그러나 한 가지 아쉬운 점은 나처럼 업장에서 샌드위치를 제조하고 취급하는 사람에게 실질적으로 필요한 항목들이 빠져 있다는 점이다. 집에서 샌드위치를 만들어 먹는 것과 업장에서 샌드위치를 제조, 판매하는 일은 엄격히 다르다. 이 책은 이런 아쉬움의 발로에서 시작되었다고 해도 과언이 아니다.

종종 샌드위치 전문가로서 나는 "샌드위치에서 가장 중요한 것은 무엇인가"라는 질문을 받는다. 이런 질문을 받으면 나는 지체 없이 '위생'이라고 대답한다. 이것은 절대 과장이 아니다. 샌드위치는 대부분 신선한 재료를 가열 없이 사용하는 것이 많으므로 위생이 정말 중요하다. 그래서 이 책 앞부분에는 위생에 관해 꼭 알아야 할 사항을 간략히 첨부했다. 물론 제빵이나 조리 전공자들은 대부분 학교에서 식품위생학을 배웠겠지만 위생은 따로 공부하는 이론이 아니라 샌드위치를 만들면서 실제 경험으로 배워야하는 지식이라는 게 나의 생각이다.

식재료의 선택, 조리 시간, 맛의 밸런스, 원가, 상권에 따른 메뉴구성도 전문적인 직업인으로서 상업적인 샌드위치를 만들 때 고려할 중요한 사항이다. 가격에 구애받지 않고 좋은 재료를 넣어 맛있는 샌드위치를 만드는 건 어렵지 않다. 하지만 상업용 샌드위치 메뉴를 개발할 땐 정해진 시간에 정해진 인원으로 제조할 수 있는 작업 능률을 생각해야 하고 보편적인 대중의 입맛을 공략하면서도 각 매장만의 특색 있는 맛의 요소를 가미해야 한다. 브랜드 가격 전략에 부응해 재료를 잘 선택함으로써 계산된 원가에 맞춰야 한다. 토마토 슬라이스 하나라도 맛의 균형을 깨지 않으면서 적절한 두께를 선택할 수 있어야 한다는 말이다. 상권에 따른 특별한 메뉴도 개발해야 한다. 아파트 상권과 금융가 오피스타운의 상권이 같을 수는 없으니 말이다. 이 책의 메뉴는 이러한 모든 점을 고려해 현장에서 실제로 사용 가능한 샌드위치 레시피로 구성됐다.

많은 사람이 대수롭지 않게 여기는 포장에 대해서도 특히 강조하고 싶다. 이 책에서 다루는 샌드위치는 진열해 파는 상업용 샌드위치이므로 속재료를 보전하면서 실용적이고 상품성이 돋보이는 포장이 필요하다. 다 아는 상식적인 얘기라고 치부하는 사람도 있겠지만 정해진 시간 내에 상품성을 훼손하지 않고 샌드위치를 빠르게 포장하고 진열하는 일은 생각만큼 쉽지 않다. 포장 교육을 아무리 받는다 해도 기성 포장 박스로 연습해서는 샌드위치라는 식품을 이해하기 어렵고 이는 샌드위치 포장에 그대로 반영된다.

얼마 전 20여 년간 애정을 가지고 근무했던 직장에서 퇴사를 했다. 이를 계기로 오랫동안 현장에서 샌드위치를 제조, 개발, 교육한 다양한 경험을 많은 사람과 나누고 싶었다. 물론 이전에도 회사 내외에서, 혹은 대학에서 꾸준히 교육을 해오긴 했지만 보다 전문적으로 샌드위치를 배우고 싶은데 마땅히 배울 곳이 없는 분들께 기회를 드리고 싶었다. 더욱이 요즘처럼 어려운 시기에 샌드위치 전문점을 창업하고자 하는 분이나, 베이커리, 카페에서 샌드위치 메뉴를 보강하고자 하는 분들, 또 샌드위치를 기초부터 전문적으로 공부하고자 하는 분들과 희망을 나누고 싶었다. 그래서 '빵앤샌드위치'라는 연구실 겸 교육장을 개설하고 여러 가지 이유로 직접 오시지 못하는 분들, 직장인들, 학생들을 위해 이 책 『베이커리 카페 샌드위치』를 준비했다. 물론 전문인을 위한 책이긴 하나 재료를 쉽게 구할 수 있고 복잡하지 않은 레시피가 대부분이므로 누구나 부담 없이 볼 수 있는 책이라고 자부한다.

마지막으로 이 책을 기획하고 준비하는 동안 성원을 아끼지 않은 모든 분들께 감사를 전한다. 특히 제과제빵의 첫 스승이자 샌드위치 사내 강사 기회를 주신 홍성종 선생님, 르노뜨르 스승이신 성명주 선생님, 대학에서 샌드위치 강의를 개설하게 해주신 수원여자대학 황윤경교수님, 안혜령교수님, 늘 공부할 수 있도록 힘을 주고 용기를 주신 부모님, 이 책을 출판해 주신 비앤씨월드에 감사의 말씀을 드린다. 그리고 인생 2막의 시작을 응원해 준 딸과 항상 소식을 전해주는 제자들에게도 고마움을 전한다.

김 정 윤

CONTENTS

목 차

002	프롤로그

BAKERY CAFE SANDWICH 01   샌드위치와 위생
008	시작 전 꼭 알아두어야 할 것들
015	샌드위치와 식중독

BAKERY CAFE SANDWICH 02   샌드위치의 재료와 조리법
020	빵 ｜ 채소 ｜ 햄과 소시지 ｜ 치즈 ｜ 유지 ｜ 피클류
038	빵 자르기
042	재료 밑준비
044	재료 쌓기
046	스프레드

BAKERY CAFE SANDWICH 03   샌드위치 포장의 중요성
052	OPP비닐(손잡이형 ｜ 밀착형 ｜ 개별포장)
055	트레이+투명 뚜껑
056	펄프용기
057	유산지로 포장하기 & 커팅

CHAPTER 01 식빵·통밀빵
PAN LOAF
WHOLE WHEAT BREAD

060	에그 샌드위치
062	클럽 샌드위치
064	구운 버섯 닭가슴살 샌드위치
066	채소 가득 샌드위치
068	매콤 참치 샌드위치
070	터키햄 & 치즈 샌드위치
072	스패니시 오믈렛 샌드위치
074	데리야키 치킨 샌드위치

CHAPTER 02 치아바타 · 바게트 · 베이글
CIABATTA / BAGUETTE BAGEL

078	애플 브리치즈 치아바타
080	매콤 치킨 치아바타
082	카프레제 치아바타
084	아보카도 포카치아
086	잠봉 뵈르
088	새우 & 아보카도 레몬 크림치즈 바게트
090	파스트라미 바게트
092	햄 치즈 캉파뉴
094	햄 치즈 베이글
096	참치 베이글
098	훈제연어 베이글
100	베리잼 & 고소한 견과류잼 베이글

CHAPTER 03 크루아상 · 롤빵 · 잉글리시 머핀
CROISSANT / BREAD ROLL ENGLISH MUFFIN

104	에그 & 게맛살 크루아상
106	B.L.T 크루아상
108	코울슬로 데니시 페이스트리
110	과일 크로플
112	미니 돈가스 모닝롤
114	매콤 치킨 모닝롤
116	단호박 고구마 라임 모닝롤
118	B.L.T 잉글리시 머핀
120	이탈리안 잉글리시 머핀
122	브로콜리 & 사과 샐러드 잉글리시 머핀

CHAPTER 04 토르티아 · 핫도그 · 떡 · 샐러드
TORTILLA / HOTDOG BUNS RICE CAKE / SALAD

126	새우튀김 토르티아
128	로스트 치킨 살사 토르티아
130	돈가스 토르티아
132	불고기 핫도그
134	양송이버섯 햄버거
136	토마토 아보카도 샐러드 핫도그
138	미니 핫도그
140	햄 에그 증편 샌드위치
142	오렌지 훈제오리 샐러드
144	토마토 모차렐라치즈 샐러드
146	그리스식 샐러드

BAKERY CAFE SANDWICH
1

샌드위치와 위생

상업용 샌드위치는 건강 상태가 다른 여러 명의 고객이 섭취하는 음식이므로 집에서 샌드위치를 만들어 먹는 것과는 다른 차원의 위생 관념이 필요하다. 샌드위치에 사용되는 빵은 200℃의 고온에서 구운 식품이지만 빵 사이에 들어가는 대부분의 채소 및 치즈, 육가공품 등은 조리하지 않은 채로 사용된다. 또 어떤 경우에는 조리된 식품과 조리하지 않은 재료가 함께 들어가기도 한다. 따라서 다시 고온의 열처리를 하기 어려운데, 이것이 샌드위치를 제조하는 과정마다 위생을 지켜야 하는 주된 이유이다. 만약 식중독 등의 사고가 생기거나 식품위생법 위반 등의 문제가 생긴다면 업장의 이미지에 큰 타격을 받는 것은 물론 실제로 과태료나 심한 경우 영업소 폐쇄 등의 법적인 제재를 받게 된다. 따라서 이 장에서는 샌드위치를 만들기 전 알아야 할 식품 위생에 관해 소개한다. 식품 위생에 관한 범위와 법규가 워낙 광범위하여 모두 소개할 수는 없으나 꼭 알아야 할 사항을 중심으로 간단히 설명하도록 하겠다.

시작 전 꼭 알아두어야 할 것들

1
토마토케첩은 어디에 보관해야 할까?

일반적으로 토마토케첩은 냉장고가 아닌 선반에 진열돼 판매된다. 그러나 구매한 다음에는 대부분 냉장고에 넣어 보관하는 게 일반적이다. 왜일까? 포장지에 적힌 보관 방법을 확인해보자. 개봉 전에는 직사광선이 없는 서늘한 곳에 보관하고 개봉 후에는 냉장고에 보관하라고 쓰여 있다. 반면 마요네즈 포장지에는 실온 보관이라고 쓰여 있다. 그럼 제품을 사용한 후에는? 이변이 없는 한 냉장고에 둔다. 직사광선이 없는 서늘한 곳에 보관하라고 했지 케첩처럼 냉장고에 보관하라는 말은 없는데도 말이다.

여기서 중요한 점은 바로 '온도의 범위'이다. 실온은 1℃에서 35℃ 사이, 냉장 온도는 0℃에서 10℃ 사이로, 실온 범위 안에 냉장 온도의 범위가 포함된다. 그러니 마요네즈는 냉장고에서든 실온에서든 보관할 수 있다. 케첩은 개봉 후 냉장 보관하라고 명시했으니 사용한 후에는 반드시 냉장고에 보관해야 한다. 빵은 실온에 두어도 되지만, 빵 사이에 넣는 채소와 과일, 치즈, 여러 육가공품은 모두 냉장고에 보관해야 한다.

앞서 말한 대로 식품 포장지를 유심히 살펴보면 각 제품을 어디에 보관해야 하는지 알 수 있다. 다만 범위까지 알려주는 경우는 별로 없으니 식품 공전에서 규정하는 온도 범위를 알아두면 좋다. 실온 범위는 1~35℃, 냉장 온도는 0~10℃, 냉동은 -18℃ 이하, 상온은 15~25℃이다.

놓치지 마세요 ▶ **온도의 범위**

구분	온도
실온의 온도 범위	1~35℃
냉장온도의 범위	0~10℃
상온온도의 범위	15~25℃
냉동온도의 범위	-18℃ 이하

2. 주방용 세척제는 구분해서 사용할 것

기존에는 야채, 과일, 조리기구 등을 씻는 데 사용하는 세척제의 명칭이 1종, 2종, 3종으로 돼 있었다. 그러나 최근, 소비자가 사용정보를 쉽고 정확하게 알 수 있도록 세척제의 명칭을 '과일 · 채소용(기존 1종)', '식품용 기구 · 용기용(기존 2종)', '식품 제조 · 가공장치용(기존 3종)'으로 바꾸었다. 과일 채소용 세제는 이름 그대로 채소, 과일을 씻는 데 사용한다. 채소, 과일에 사용할 수 있으니 당연히 식기에도 사용할 수 있다. 가정에서 많이 사용하는 베이킹소다도 이에 포함된다. 과일, 채소용 세제를 이용할 때는 먹는 물을 사용하고 세제에 5분 이상 담그지 않도록 한다. 또 헹굴 때에는 흐르는 물에 30초 이상, 흐르지 않는 물에서는 물을 갈아가며 2회 이상 충분히 헹궈야 세제가 남지 않는다. 특히 잎채소류는 오염된 겉잎을 떼어내고 한 장씩 분리해 세척한다. 식품용 기구 · 용기용 세제는 우리가 가정에서 설거지할 때 흔히 사용하는 주방용 세제를 말한다. 자동식기세척기용 세제도 이에 포함된다. 따라서 채소와 과일에는 사용할 수 없다. '식품 제조 · 가공장치용 세제'는 제조가 공용 기구 등을 씻는 데 사용하는 세척제이다.

3. 살균제는 식품첨가물로 인정된 제품인지 확인을

과일과 채소를 세척한 후에는 식품용 살균제를 사용해 식품 표면에 있는 유해한 미생물을 제거한다. 그래야 유해미생물로 인한 식중독 발생을 예방할 수 있다. 이때 살균제는 반드시 식품의약안전청이 식품첨가물로 인정한 제품이어야 한다. 식품첨가물로 허용된 살균제로는 과산화수소, 차아염소산나트륨, 차아염소산수, 차아염소산칼슘, 이산화염소수, 오존수, 과산화초산 7품목이 있다. 살균제는 제품 라벨에 표시된 사용법에 따라 적합한 농도로 희석 후 사용하여야 하며 살균 시간을 지켜야 한다. 사용할 때는 식품 표면에 직접 분사하거나 살균제 용액에 5분간 담근 후 먹는 물로 3회 이상 헹군다. 또 한 가지 기억해야 할 점은 세제나 살균제를 임의로 섞어서 사용하지 않는다는 것이다. 염소계외 산성계를 함께 사용하거나 혼합하면 유해가스가 발생하기 때문이다. 보관할 때는 반드시 식품과 구분해 안전한 장소에 두도록 한다.

> **놓치지 마세요** ▶ **차아염소산나트륨**
>
> 5% 차아염소산 나트륨은 물(음용수) 5ℓ에 차아염소산나트륨 10㎖를 넣어 희석해 사용한다.

4
샌드위치를 만들 때는 어떤 도마를 써야 할까?

나무, 플라스틱, 실리콘, 스테인리스까지 재질도 모양도 각양각색인 도마. 그러나 중요한 점은 어떤 도마를 쓰느냐가 아니라 재료별로 도마를 구분해 사용하고 자주 교체해야 한다는 것이다. 심지어는 빵을 자를 때도 다른 도마를 써야 한다. 샌드위치는 복합조리식품이므로 도마를 사용하는 과정에서 교차 오염이 일어날 가능성이 크기 때문이다. 도마를 용도에 따라 구분하는 방법이 따로 있는 것은 아니지만 붉은색 도마는 육류용, 녹색은 채소용, 노란색은 해산물용, 흰색은 그 외의 용도 등 보통은 색상을 달리해 사용하는 것이 일반적이다. 세척한 도마는 종이 타월로 물기를 제거하고 살균 소독기에 보관하는 것이 좋다. 젖은 행주로 물기를 닦으면 세균에 오염될 수 있으니 꼭 종이 타월을 사용하도록 한다. 살균기가 없다면 햇볕에 완전히 말려 사용한다. 또 상처가 난 도마는 살모넬라균이나 비브리오균의 온상지이므로 비싼 도마를 구비하기보다는 새것으로 자주 교체하고 소독해 사용하는 방법이 바람직하다.

▶ 에피소드

신촌의 어느 대학병원 안에 자리한 레스토랑에서 근무했을 때의 일이다. 병원 안 레스토랑에서는 1년에 두 번 환경 검체 검사를 한다. 주방에서 사용하는 도구와 직원을 대상으로 실시하는데, 생각지 못하게 도마에서 세균이 검출됐다. 항상 꼼꼼히 세척하고 살균기에 보관했는데도 워낙 자주 사용하다 보니 표면에 칼집이 많이 난 탓이었다.

5
위생장갑이 아까울 땐 수술실의 의사를 생각하라

샌드위치를 만들다 보면 많은 양의 위생 장갑을 사용한다. 매번 새로 쓰자니 아깝고 환경을 생각하자니 고민이 되는 것도 사실이다. 그럴 때면 수술실의 의사를 생각하라. 메디컬 드라마를 보면 의사들이 수술실에 들어가기 전 손을 구석구석, 손톱 사이까지 정성스럽게 닦는다. 그것도 모자라 소독제로 소독을 하고 위생 장갑을 낀다. 사용한 장갑은 어떻게 할까? 새것을 사용하기 아까워 세탁해 사용하는 일은 상상할 수도 없을 것이다. 샌드위치를 만들 때도 마찬가지다. 손을 철저히 소독하고 위생 장갑을 낀 채 제품을 만들어야 한다.

6 한글표시사항 없는 수입품은 즉시 반품할 것

할라페뇨, 버터, 오이피클, 블랙올리브 같은 수입품의 제품 정보는 모두 외국어로 적혀 있다. 그러나 판매할 때는 반드시 식품위생법에 의한 한글표시사항을 붙여야 한다. 만약 한글표시사항이 없는 수입품을 구매했다면 즉시 반품하거나 교환한다. 그런 제품은 매장에 보관하기만 해도 영업정지 1개월의 불이익을 받을 수 있다.

7 개봉한 통조림은 어떻게 관리해야 하나?

통조림은 샌드위치를 만들 때 흔히 사용하는 재료 중 하나이다. 통조림은 개봉한 후 내용물을 그대로 두면 녹이 슬거나 부식이 일어나므로 반드시 다른 용기에 옮겨 담는다. 그러나 이때도 유통기한이 적힌 개봉한 캔은 내용물을 모두 사용할 때까지 랩 등으로 싸서 따로 보관해야 한다. 이를 어기면 과태료 20만 원에 해당하는 법적 조치를 받게 된다.

8
냉동 제품을 해동할 때는 반드시 '해동 중' 표시를

훈제연어, 새우, 버터 등 냉동 제품은 언 상태에서 사용할 수 없으므로 '해동 중' 표시와 함께 냉장고 혹은 실온에서 해동해야 한다. 만일 별도의 해동 표시 사항 없이 제품을 해동하거나 실온에 방치했다면 제조업이나 판매업에서는 영업정지를 당할 수 있다.

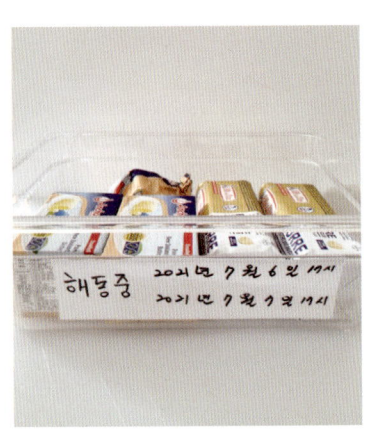

9
부적합 재료를 보관하거나 사용하지 않도록 주의

빵은 최대한 온도의 변화가 없는 서늘한 곳에서 보관하는 것이 좋은데 특히 여름철에는 곰팡이에 주의해야 한다. 운영 시간에는 에어컨을 가동해 실내가 시원하지만, 영업이 끝난 뒤에는 에어컨을 사용하지 않기 때문에 실내 온도와 습도가 높아져 빵에 곰팡이가 피기 쉽다. 상하거나 또는 이물질이 들어가거나 묻어 건강을 해할 우려가 있는 제품을 사용하면 영업정지 처분을 받는다.

10
유통기한 표시사항은 재료를 다 쓸 때까지

매장에서 사용하는 재료의 유통기한은 반드시 재료를 다 쓸 때까지 원래 표시된 내용 그대로 보관해야 한다. 변색되거나 지워지지 않도록 주의한다.

11
농장에서 가져온 옥수수의 원산지 표시는 어떻게?

바질페스토에 넣는 잣이나 샐러드에 자주 사용하는 옥수수를 친척이나 지인이 직접 재배해 가져왔다면 어떻게 할까? 원산지는 국산이라고 하더라도 가공업장에서 나온 것이 아니므로 원산지 표시가 되어 있지 않을 것이다. 이런 경우 일반 가정에서 조리해 이용하는 것은 무방하지만 영업장에서는 반드시 원산지 표시를 해야 한다. 그렇지 않으면 1개월의 법적 조치를 당할 수 있다. 서류상으로 증명 불가한 재료라면 쓰지 않는 것이 좋다.

12
쓰레기통은 반드시 덮개 있는 걸로

매장에서 사용하는 음식물 쓰레기, 일반 쓰레기, 재활용 쓰레기통에는 모두 뚜껑이 달려 있어야 한다. 많은 사람이 대수롭지 않게 여기겠지만 그렇지 않으면 시정명령 처분을 받거나 과징금을 받게 된다.

13
후드, 환기구는 항상 청결하게 유지

주방에서는 튀김기와 오븐을 자주 사용하기 때문에 후드나 환기구에 낀 먼지와 기름 찌꺼기를 주기적으로 제거해야 한다. 바쁘다는 이유로 소홀히 해 이를 제대로 지키지 않으면 과태료를 물게 된다.

14
해충 방제는 정기적인 관리로

식품을 나루는 매장은 각종 벌레가 유입될 수 밖에 없다. 계절에 따라 작업대와 쇼케이스에까지 벌레가 들어오는 경우도 있고, 또 한번 생긴 벌레는 좀처럼 없애기가 쉽지 않다. 따라서 해충 등이 유입되지 않도록 방충망 등 방충, 방서 시설을 철저히 하고 영업을 시작할 때부터 전문 방역업체의 시스템을 이용해 정기적으로 관리하는 것이 중요하다. 이를 어길 시에는 과태료를 부과 받는다.

15
샌드위치 네임태그에 들어가야 할 사항들

식품을 판매하는 모든 매장은 제품명, 가격, 재료의 원산지를 표시해야 한다. 샌드위치에 사용하는 원료 중에는 쇠고기, 돼지고기, 닭고기, 햄, 베이컨 등 식육가공품이 표시대상이 된다. 농수산물 등의 원산지 표시 방법은 농수산물 원산지 표시 방법에 관한 법률 시행 규칙〈개정 2019. 9.10〉에 나와 있다. 포장재에 원산지를 표시하기 어려운 경우는 안내 표시판을 설치하거나 진열대에 네임태그를 함께 게시해 둔다.

원산지 표시

저희는 다음과 같이 원산지표시를 품목별로 시행하고있습니다.

메뉴명	품목	원산지
에그샌드위치	달걀, 토마토	국내산
구운닭가슴살샌드위치	닭고기	국내산
훈제연어베이글	느타리버섯	국내산
	연어	노르웨이산
미니돈가스모닝롤	적양파, 오이	국내산
	돼지고기	국내산
	카이피라	국내산

농림축산식품부　국립농산물품질관리원

16
영업자나 종사자 모두 정기적인 건강검진을

업체의 대표(영업자)나 샌드위치를 만드는 사람은 정기적으로 1년에 한 번씩 건강검진을 받아야 한다. 이는 식품위생법 시행규칙에 따른 것으로 건강검진을 받지 않고 일한다면 업체 대표는 물론 작업자도 과태료를 물어야 한다. 그러나 완전히 포장된 식품을 판매하는 사람은 건강검진을 받지 않아도 된다.

17
청결한 근무복장과 철저한 개인위생

깨끗하고 청결한 복장과 개인위생도 간과해서는 안 될 부분이다. 특히 근무 복장 중 앞치마는 식품의 미생물이 전이되는 것을 막는 역할을 한다. 그러므로 오염된 앞치마는 즉시 교체하도록 한다. 조리 중에는 모자나 머리망을 하고 자주 손을 씻는 등 개인위생을 철저히 지키도록 한다.

샌드위치와 식중독

식중독은 식품이나 물의 섭취로 인해 발생되었거나 발생된 것으로 의심되는 감염형 질환 또는 독소형 질환을 말한다. 식중독은 크게 미생물에 의한 식중독, 자연독 식중독, 화학적 식중독으로 나눌 수 있는데 샌드위치를 만들 때 주의해야 할 식중독은 특히 미생물에 의한 세균성 식중독이다. 세균성 식중독은 다시 감염형과 독소형 식중독으로 구분되는데 감염형 식중독은 음식물과 함께 들어온 병원균이 장내를 감염시켜 발생하는 식중독이다. 원인균으로는 살모넬라균, 대장균, 비브리오균 등이 있다. 독소형 식중독은 식품에 세균이 증식해 독소가 만들어지고 그 독소가 함유된 식품을 사람이 먹음으로써 일어나는 식중독이다. 원인균으로는 황색포도상구균, 보툴리누스균 등이 있다.

1
세균성 식중독

1) 감염형 식중독

살모넬라 식중독
살모넬라균에 의한 식중독은 살모넬라균에 오염된 식품, 특히 달걀, 가금류, 채소를 섭취함으로써 발생한다. 예방 방법은 식품의 보관에 주의하고 충분히 익혀 조리하는 것이다. 특히 달걀과 고기는 안쪽까지 확실히 익히고 달걀 껍데기에도 균이 묻어 있을 수 있으므로 만진 후에는 반드시 손을 깨끗이 씻어야 한다. 채소는 소독액에 담갔다 깨끗한 물로 충분히 세척한다.

병원성대장균 식중독
대장균은 인간의 대장에 존재하는 상재균으로 대부분의 인간에게 무해하지만 일부 대장균은 병원성이 있다. 오염된 물로 기른 채소나 도축 과정에서 오염된 육류를 섭취한 경우, 혹은 오염된 칼, 도마 등을 사용하는 경우 발병한다. 때문에 샌드위치에 들어가는 채소는 반드시 소독액에 담갔다 충분히 세척해 사용하고 육류나 그 가공품은 충분히 익도록 가열, 조리한다. 조리 기구나 식기류는 구별해 사용하고 소독해 교차오염을 방지한다.

장염 비브리오균 식중독
장염 비브리오균 식중독은 장염 비브리오균에 의해 발생한다. 어패류가 가장 흔한 오염원이고 도마, 행주, 칼 및 조리하는 사람의 손을 통해서도 다른 식품에 이차적 오염을 유발할 수 있다. 샌드위치나 샐러드에도 새우 등 해산물이 들어가는 경우가 있으므로 주의한다. 열에 약한 균이므로 적합한 온도로 조리하고, 칼이나 도마 등 조리 도구를 위생적으로 관리해야 비브리오균에 의한 식중독을 막을 수 있다.

2) 독소형 식중독

황색포도상구균 식중독
화농성 질환을 일으키는 대표 균으로, 음식을 조리한 사람의 손이나 코 점막, 상처 부위에 있던 포도상구균에 의해 음식물이 오염되면, 높은 기온과 습도에서 증식하여 식중독을 일으킨다. 칼에 손을 베면 상처 부위가 황색포도상구균에 감염될 수 있다. 따라서 손에 상처가 났을 때는 식품을 취급해서는 안 된다. 불가피한 경우는 상처 부위에 밴드를 붙이고 위생 골무를 끼워야 한다.

보툴리누스 식중독
보툴리누스 식중독은 불완전하게 보존된 육류 통조림이나 병조림 채소에서 생기는 균으로 높은 활성을 가진 신경독 보툴리누스균에 의해서 생성된다. 발생 시 신경독소에 의해 마비 증상을 일으킨다. 때문에 샌드위치나 샐러드에 사용하는 그린빈, 양파, 마늘 등의 통조림은 인가를 받은 공급처에서 구매하고, 진공이나 통조림을 이용한 포장 음식은 가급적 만들지 않는 것이 좋다. 손상된 통조림은 폐기하도록 한다.

2 바이러스성 식중독

바이러스는 동물, 식물, 세균 등 살아있는 세포에 기생하는 미생물로 크기가 매우 작아 일반 세균 여과기로 제거되지 않으며 일부 바이러스는 식중독을 유발할 수 있다. 식중독을 유발하는 대표적인 바이러스에는 노로 바이러스, 로타 바이러스와 A형 간염 바이러스 등이있다. 노로 바이러스는 오염된 물과 식품을 통해 감염되고 사람끼리의 전파 감염도 흔하기 때문에 집단적인 발병 양상을 보이고, 로타 바이러스는 영유아에게 겨울철 설사 질환을 일으킨다. A형 간염 바이러스는 주로 오염된 물에서 수확하거나 세척한 어패류나 날채소 등에서 발견되므로 조리사의 손을 통해 전염될 수 있다. 학교 급식, 군대, 식당 등 조리사가 A형 간염 바이러스에 걸리면 집단감염을 유발할 수 있다. 바이러스성 식중독은 예방이 쉽지 않으나 조리 시 깨끗한 식수를 사용하고 손 씻기와 개인위생을 철저히 하여 최대한 방지하도록 한다.

대분류	중분류	소분류	대표적 원인균
미생물	세균성 식중독	감염형 식중독 : 미생물에 오염된 음식을 먹은 후 발생하는 식중독	살모넬라균, 비브리오균, 리스테리아 모노병원성대장균, 예르시니아균, 바실러스 세레우스균 등
		독소형 식중독 : 식품 내에서 균이 증식해 만든 독소를 섭취해 발생하는 식중독	황색포도상구균, 보툴리누스균, 웰치균 등
	바이러스성 식중독	바이러스에 오염된 물, 식품, 접촉에 의해 장염 등을 유발하는 식중독. 2차 감염 가능	노로 바이러스, 로타 바이러스, 아스트로 바이러스, 장관아데노 바이러스, A형 간염 바이러스, E형 간염 바이러스 등
	원충성 식중독	원충에 감염된 원재료를 생으로 먹거나 오염된 식수에 의해 일어나는 식중독	이질아메바, 편모충 등
화학물질	화학적	동물성 자연독에 의한 식중독	복어독, 시가테라독
		식물성 자연독에 의한 식중독	감자독, 버섯독 등
		곰팡이 독소에 의한 식중독	황변미독, 맥각독, 아플라톡신 등
	화학적	제조 · 가공 · 저장 중에 생성되는 유해물질	지질의 산화생성물, 니트로아민
		기타물질에 의한 중독	메탄올 등
		조리기구 · 포장에 의한 중독	녹청(구리), 납, 비소 등

BAKERY CAFE SANDWICH

2
샌드위치의 재료와 조리법

호텔 베이커리, 샌드위치 전문점, 프랜차이즈 베이커리, 카페 등 샌드위치를 판매하는 매장은 매우 다양하고 제품의 가격 또한 천차만별이다. 동네 토스트 가게라면 비교적 저렴한 가격에 샌드위치를 공급할 것이고 호텔 베이커리라면 비교적 높은 가격을 지불해야만 샌드위치를 구매할 수 있을 것이다. 이처럼 가격이 극과 극임에도 불구하고 고객이 각각의 브랜드에서 만족하는 이유는 무엇일까? 그것은 품질과 가격에 대한 기대치가 달라서일 것이다. 브랜드마다 가격이 다르다는 것은 재료 또한 그 가격대에 맞게 사용한다는 뜻이다. 샌드위치에서 재료의 원가란 가격을 결정하는 중요한 요인이다. 햄을 예로 들자면, 소고기 가공햄인 파스트라미를 사용했는지, 돼지고기 혼합육으로 만든 가공햄을 사용했는지에 따라 샌드위치의 가격은 달라진다. 같은 식빵이라도 일반 식빵을 사용했는지, 브리오슈 식빵을 사용했는지에 따라, 가공 치즈를 사용했는지, 자연 치즈를 사용했는지에 따라 샌드위치의 가격이 달라지는 것은 당연한 일이다. 따라서 브랜드 이미지와 상권 등 여러 요소를 고려한 가격 정책에 맞게 적절한 재료를 선택해 제품 원가를 조절할 수 있어야 한다.

· Bread ·
빵

샌드위치에서 빵은 가장 중요한 재료이다. 다양한 맛과 향, 식감으로 샌드위치의 맛에 큰 영향을 주기 때문이다. 용도에 따라, 속재료에 따라, 기호에 따라 직접 필요한 빵을 구워서 사용할 수 있다면 가장 좋겠지만 그렇지 못한 경우라면 평소 여러 곳에서 빵을 구입해 보고 맛있고 적합한 빵을 선택하도록 한다.

캉파뉴
프랑스어로 '시골빵'이라는 이름에서 알 수 있듯 캉파뉴는 어떤 속재료와도 무난하게 어울리는 투박한 빵이다. 대부분 타원형인 캉파뉴는 두께를 일정하게 잘라도 가장자리와 중앙 부분의 크기가 다르니 빵 크기에 맞춰 속재료를 넣어야 한다. 속재료가 보이도록 포장하면 상품의 가치를 높일 수 있다.

통밀빵

미니 통밀빵

통밀빵
건강을 생각하는 소비자는 일반 밀가루 빵보다 통밀빵으로 만든 샌드위치를 선호한다. 통밀이 일반 밀가루보다 식이섬유가 풍부하고 열량이 높지 않기 때문이다. 구수한 맛과 향, 은은한 갈색 빛이 먹음직스러운 통밀빵은 구운 채소나 달걀을 이용한 샌드위치와 잘 어울리고, 견과류를 더하면 더욱 인기가 좋다.

식빵

식빵은 가장 보편적으로 쓰이는 샌드위치 재료이다. 겉과 속이 부드러워 대체로 어느 재료와도 잘 어울린다. 같은 두께로 썬 제품을 구매해 사용해도 좋지만, 재료와의 균형을 고려해 직접 슬라이스하거나 미리 주문해 사용하면 더욱 완성도 높은 샌드위치를 만들 수 있다.

풀먼 식빵

직사각형 틀에 넣어 뚜껑을 덮은 상태로 굽는다. 촉촉한 결, 작고 일정한 기공이 특징이다. 모양이 일정하고 반듯해서 샌드위치용으로 자를 때 손실이 거의 없다. 또 거의 정사각형에 가깝기 때문에 정사각형, 삼각형, 혹은 2등분 삼각형으로 만들기 수월하다.

브리오슈 식빵

버터 함량이 높아 부드러운 식감과 풍부한 향이 있다. 토스트용으로도 사용하기 좋고, 일반 식빵처럼 속재료를 넣어 샌드위치를 만들 때도 사용한다. 수분이 많은 속재료가 들어가면 빵이 쉽게 축축해지니 주의한다.

산형 식빵

뚜껑 없이 구워 봉긋하게 솟은 형태로, 그 생김새를 그대로 살려서 제품을 만든다. 풀먼 식빵에 비해 기공이 크고 수분감이 적어 식감이 가볍다. 모양이 직사각형에 가깝기 때문에 샌드위치를 만들고 자를 때 좀 더 크게 보일 수 있으며 직사각형 커팅이나 1/2로 잘랐을 때도 풀먼 식빵으로 만든 샌드위치보다는 크기가 좀 더 크게 보이는 장점이 있다. 산형으로 작은 식빵을 만든다면 산형 모양을 그대로 이용한 포장법도 가능하다.

놓치지 마세요 | **샌드위치용 식빵의 조건**

식빵이 너무 부드러우면 속재료의 무게에 빵이 납작하게 눌려 볼품없는 샌드위치가 만들어질 수 있다. 토스트기에 바삭하게 굽거나 하루 전에 만든 식빵을 사용해 상품 가치를 높이도록 한다.

치아바타

담백하고 쫄깃한 맛이 매력적인 이탈리아 빵으로 따뜻한 샌드위치와 냉장 샌드위치에 모두 잘 어울린다. 닭고기, 햄, 치즈, 버섯류와 함께, 또는 모차렐라, 토마토, 바질 잎을 곁들인 카프레제 샌드위치를 만들 때 주로 사용한다. 모차렐라치즈를 듬뿍 올려 그릴에 구우면 먹음직스러운 파니니가 된다.

포카치아

올리브오일의 향긋함을 그대로 갖고 있는 포카치아는 허브나 올리브를 넣어 만들기도 한다. 햄, 치즈, 아보카도, 바질페스토, 루콜라와 잘 어울리며, 따뜻한 샌드위치와 냉장 샌드위치 모두에 사용하기 좋다. 원형일 경우 속재료를 넣은 뒤 반으로 잘라 속이 보이도록 포장하면 더욱 좋다.

바게트

간단하게 햄과 치즈만 넣어도, 다양한 재료를 푸짐하게 넣어도 맛있는 샌드위치가 된다. 속재료에 따라 바삭한 바게트를 사용할지 부드러운 바게트를 사용할지 구분하고, 속재료가 많을 경우 빵 속을 조금 떼어 내 재료가 빠져나오지 않도록 한다.

소프트 바게트

하드계열의 바게트에 비해 조금 더 부드러운 식감으로 샌드위치에 사용하기 좋다.

롤빵
일반적으로 30g 정도의 반죽으로 작게 만드는 모닝빵을 말한다. 반으로 자른 후 속재료를 넣어 미니 햄버거처럼 만들거나, 속재료를 달리한 3가지 제품을 한 세트로 포장해도 좋다. 롤빵을 이용한 샌드위치는 간식으로 먹기에도 좋고, 바쁠 때 음료를 곁들여 간단하게 요기하기에도 좋다. 형태에 맞게 다양한 포장법을 시도해볼 수 있는 빵이다.

크루아상 & 페이스트리
칼로리가 높아도 인기가 좋은 빵이다. 바삭하고 부드럽게 부서지는 페이스트리가 입맛을 당기는 매력이 있기 때문이다. 이런 종류의 빵을 사용할 때 신경써야 할 점은 속재료의 수분을 완전히 제거해야 한다는 것이다. 조금이나마 빵을 덜 젖게 하려면 이 작업이 반드시 필요하다.

크루아상

페이스트리

베이글
살짝 구워 크림치즈, 버터, 잼을 발라 먹기도 하고, 연어, 채소 또는 닭고기, 건크랜베리 혹은 햄과 치즈, 아삭한 채소를 조합해 샌드위치를 만들어 먹는다. 베이글이 두꺼우면 반으로 잘라야 먹기 편하다. 가운데 구멍이 너무 크면 넓은 잎을 얹어 다른 속재료가 빠져나가지 않도록 막는다.

핫도그 빵 & 햄버거 빵
핫도그 빵에는 대부분 소시지를, 햄버거 빵에는 고기 패티와 채소를 넣어 만든다. 불고기, 닭고기, 새우 등 다양한 부재료를 넣고 그에 맞게 채소나 소스를 다르게 구성할 수 있다.

핫도그 빵

햄버거 빵

떡
비건 식단에 대한 관심이 높은 요즈음 주목받는 재료이다. 증편은 식감이 부드러워 어떤 재료와도 잘 어울린다. 다만 쉽게 노화되니 만들어두고 냉장 진열하기보단 즉석에서 만드는 것이 좋다.

토르티아

기름기나 부스러기가 없어 어디에서나 먹기 편한 토르티아는 6인치에서 12인치까지 사이즈가 다양한데, 큰 것은 토마토 살사와 치즈를 넣어 퀘사디아를 만들거나, 치킨 커틀릿, 햄, 치즈, 채소를 듬뿍 넣고 돌돌 말기도 한다. 작은 것은 채소와 새우, 살사, 아보카도 등을 올려 타코로 만든다. 전자레인지나 팬에 살짝 데워 온기가 있는 상태에서 말면 찢어질 염려가 적다.

잉글리시 머핀

잉글리시 머핀은 어느 프랜차이즈 매장의 아침 메뉴처럼 달걀, 햄, 치즈를 넣어 커피와 함께 세트로 내는 경우가 많다. 따뜻하게 먹는 샌드위치에 주로 사용하고, 속재료를 가볍게 구성해 간단한 식사를 대체하기에도 좋다. 위아래 두께가 균일해야 속재료가 안정적으로 보인다.

놓치지 마세요 ▶ **샌드위치 빵 고르기**

일반적으로 샌드위치에 사용하는 빵은 일단 조리빵이 아닌, 채소나 햄, 치즈 등의 내용물들과 어우러져서 조화를 이룰 수 있는 것을 고르는 것이 좋다.

또한 샌드위치를 만들기 위한 빵은 한 번 외부의 압력에 의해 눌려 찌그러지면 다시 모양을 잡을 수 없으므로 보관도 중요하다. 찌그러진 모양의 빵으로 샌드위치를 만들 경우 정갈하고 예쁘게 만들기가 어렵기 때문이다.

또한 갓 나온 식빵의 경우 샌드위치를 만들기에는 너무 부드러우므로 한나절 혹은 최소 반나절을 실온에 두었다가 사용해야 식빵 안에서 내용물들이 모양을 그대로 유지하고 빵의 눌림도 덜하다.

동그란 모양의 롤빵은 단면이 동그랗게 나와야하므로 특히 포장 시에도 눌리지 않도록 주의한다.

Vegetables
채소

채소는 샌드위치에 아삭한 식감과 건강한 색감을 더해주는 재료이다. 품목별 특성을 알아두고 주재료와의 조합, 많이 나오는 계절 등을 고려해 선택하는 것이 좋다.

양상추
가장 대중적인 샌드위치, 샐러드 재료로 풍부한 수분과 가벼운 식감이 특징이다. 여러 겹을 겹쳐 넣으면 샌드위치에 시원하고 아삭한 맛을 더할 수 있다.

양배추
잎이 단단해 힘을 적게 들이기 위해 썰어서 세척한다. 코울슬로처럼 곱게 썰어서 마요네즈와 섞어 사용하는 경우가 많다.

로메인
상추와 비슷하게 생긴 로메인은 쓴맛이 적고 식감이 아삭하다. 비교적 열에 강하고 다른 재료를 얹기에 안정적인 형태여서 샌드위치를 만들기 적당하다. 여름철에는 장마와 높은 기온의 영향으로 봄, 가을보다 가격이 3배 이상 비싸진다.

와일드 루콜라

루콜라

루콜라 & 와일드 루콜라
아르굴라, 로켓이라고도 불리는데 약간 쌉쌀한 맛이 우리나라의 열무와 비슷하다. 잎이 길쭉한 와일드 루콜라는 잎이 넓은 일반 루콜라에 비해 맛이 더욱 강하다. 하지만 신선도는 더욱 오래가기 때문에 샌드위치에 쓰기 좋다.

라디치오

치커리의 일종으로 붉은 자주색 잎과 흰색 잎줄기를 가지고 있으며. 인터빈이라는 성분이 있어 약간의 쓴맛이 있다. 한겨울과 초봄이 가장 맛이 좋고 샐러드나 장식용으로 많이 사용된다.

적채

양배추와 비슷하게 생겼지만 약간 매운맛이 있으니 소량만 섞어 사용하도록 한다. 적채의 안토시아닌 색소는 샌드위치를 만들 때나 피클을 담글 때 예쁜 색을 낸다.

샐러리

겉잎이 두껍고 향이 강하다. 샐러드에도 사용되고 마요네즈를 얹어서 먹기도 한다. 질긴 겉면을 필러로 한 겹 벗겨 내면 한결 부드럽게 사용할 수 있다. 닭고기처럼 누린내가 나는 식재료를 쓸 때 넣어서 냄새를 잡기도 한다.

상추

다양한 종류가 있지만 우리나라에서는 청상추와 적상추가 많이 재배된다. 수분이 많고 열량이 적으며 쓴맛이 적고 아삭함이 있다. 샌드위치에는 청상추를 이용하는 경우가 많으며, 적상추는 샐러드에 이용하기도 한다.

치커리

샌드위치에 이용할 때는 쓴맛이 있으므로 모양을 낼 때 조금씩 사용하는 것이 좋다. 단독으로 너무 많은 양을 사용하면 샌드위치 맛의 균형감이 덜할 수 있다. 여러 가지 채소들과 함께 샐러드에 사용해도 좋다.

크리스피아노
유러피안 상추로 두께도 도톰하고 일반 상추보다는 잎이 단단한 편이며 식감이 아삭아삭하여 양상추와 비슷하다. 잎은 레이스처럼 되어 있어서 샌드위치나 샐러드에 이용할 경우 예쁘게 만들 수 있다.

이자벨
풍성한 잎을 가지고 있는 부드러운 채소이다. 샌드위치에 이용하면 잎이 레이스처럼 보여 제품을 더욱 돋보이게 한다.

버터헤드레터스
유럽형 상추로 잎이 버터처럼 부드럽고 풍성하다. 쓴맛이 없이 달달하고 아삭아삭한 식감이 좋다.

카이피라
식감이 아삭아삭하며 상추보다 연하고 맛이 부드럽다. 쓴맛이 전혀 없어서 샐러드나 샌드위치에 이용한다.

애플민트
애플민트는 애플민트 특유의 상쾌한 향으로 샌드위치에 이용하기보다는 브런치 장식에 주로 이용한다.

바질
바질 잎은 카프레제 같은 이탈리안 샌드위치에 토마토, 모짜렐라 치즈와 함께 사용된다. 또 올리브오일, 잣, 엔초비, 파마산 치즈를 넣어서 바질페스토를 만들기도 한다. 바질페스토는 샌드위치나 샐러드에 이용된다.

미니채소
미니채소들은 비타민이나 로메인, 적치커리 등의 어린 잎이 혼합된 것으로 샐러드에 다른 채소와 함께 사용하면 부드럽게 채소맛을 즐길 수 있다. 때로는 샌드위치의 윗면에 잎들이 보이도록하여 장식을 하기도 한다.

> **주의하세요**
> 잎채소는 주로 가열 조리 없이 사용하므로 특히 신경써서 세척한다.

감자

싹이 있다면 제거하고 조리한다. 감자의 싹에 있는 솔라닌이라는 독소가 식중독을 일으킬 수 있기 때문이다. 껍질을 벗기거나 썰어서 공기 중에 방치하면 쉽게 갈변이 일어나니 익힌 뒤에 껍질을 제거하는 것이 좋다. 으깬 감자에 절인 오이나 양파 등을 더한 샌드위치는 누구에게나 인기가 좋지만, 여름철에는 빨리 상하는 단점도 있다.

양파

양파를 샌드위치에 이용할 때는 입에 남는 매운맛을 제거하는 것이 관건이다. 방법은 3가지가 있다. 첫 번째는 썰어서 물에 담가 매운맛을 빼는 것이다. 두 번째는 소금, 후추로 간한 뒤 기름을 두른 팬에 볶아 사용하는 것이고, 세 번째는 아주 가늘게 채 썰어 오랫동안 볶아 단맛을 끌어올려 사용하는 방법이다.

단호박

단호박은 슬라이스해 올리브오일이나 소금, 후추를 뿌린 후 오븐에 구워 샌드위치에 넣거나 삶아 으깨서 꿀이나 요거트 등과 혼합해 샌드위치에 이용한다.

주키니 호박과 애호박

주키니 호박과 애호박은 맛과 식감의 차이가 있다. 애호박은 연두빛을 띠고 속은 노란색을 띠며 썰어보면 단단하면서도 포슬포슬하다. 반면에 주키니 호박은 짙은 녹색의 겉모습에 속은 흰색에 가깝고 썰면 무른 편이다. 애호박은 주키니 호박보다 더 감칠맛이 있으나 익히면 바로 물러진다. 그러나 주키니 호박은 어느 정도 익혀도 형태를 잘 유지하며 아삭한 식감이 있다.

토마토

토마토는 샌드위치에 없어서는 안될 재료이다. 단, 사용할 샌드위치에 따라 크기를 달리해 고르는 것이 좋다. 예를 들어 식빵을 사용한 샌드위치는 빵이 크므로 250g 이상 큰 토마토를 사용한다. 롤빵처럼 작거나 기다란 빵을 사용할 경우는 토마토를 반으로 잘라 쓰거나 150g 정도의 작은 토마토를 이용하면 편리하다.

방울토마토

방울토마토는 붉은색의 것이나 혹은 노랑색, 혹은 흑색등으로 다양하게 나오므로 색감이 좋은 샐러드를 만들기에 좋다. 또한 크기가 작아 카나페 같은 것을 만들 때 좋다.

브로콜리

소금을 넣고 데쳐서 샐러드에 이용하거나 얇게 져며서 포카치아빵에 얹어서 오픈샌드위치를 만든다. 사과나 소스에 버무려서 샌드위치 필링을 만들어 사용하기도 한다.

버섯

양송이, 새송이, 느타리가 샌드위치와 무난하게 어울린다. 향이 날아가는 것을 막기 위해 가볍게 먼지만 털어내고 소금, 후추로 간을 한 후에 오븐에 익혀 사용하거나, 물에 살짝 데친 뒤, 기름을 두르고 소금 간을 하여 볶은 뒤 사용한다.

파프리카

아삭하고 과일처럼 단맛이 있어서 샌드위치 및 샐러드의 재료로 많이 이용한다. 그대로 사용해도 되고 불에 구워 사용하기도 한다.

← 라임

즙을 내 타르타르 소스에 사용하면 더욱 상큼하다. 단호박이나 고구마 등을 주재료로 하는 샌드위치에 잘 어울린다.

오이

쉽게 무르지 않고 진한 초록빛을 띠는 취청오이를 사용한다. 가시 부분을 칼로 제거하거나 굵은 소금으로 문질러 세척하고, 소금, 후추로 간한 다음 수분을 제거해 사용한다.

← 레몬

레몬은 단독으로 사용하기보다는 레몬즙을 이용하거나 제스트를 내어 향을 돋우게 하여 소스나 드레싱에 이용한다.

아보카도

아보카도는 고급스러운 샌드위치 식재료지만 취급이 까다로운 재료이기도 하다. 잘 익은 아보카도는 약간 검은 색을 띠며 손가락으로 눌렀을 때 말랑하고 탄력이 있다. 바로 사용하는 경우가 아니라면 초록색으로 구매해 상온에서 후숙시켜 소금간을 해 사용한다. 특히 많은 양의 아보카도 샌드위치를 만들 때는 후숙 시간을 잘 계산해 주문하도록 한다.

놓치지 마세요   샌드위치 속 채소, 가장 중요한 '신선도'

조리는 구입 후 빠른 시간 안에

채소 속 세포는 수확 직후부터 서서히 파괴되므로 한 번에 너무 많은 양을 구입하지 않는 게 좋다.

자르기는 세척 후에

채소를 자른 단면이 물에 닿으면 채소에 함유된 비타민C 등 수용성 영양소가 손실된다. 단면적이 클수록, 물에 닿는 시간이 길수록 손실이 커진다.

녹황색 채소 가열은 짧게

시금치, 브로콜리 등 녹황색 채소를 오래 가열하면 엽록소가 파괴되어 색이 누렇게 변한다. 소금을 살짝 넣은 물에 데쳐 바로 찬물에 담그면 산뜻한 녹색이 살아난다.

tip 채소를 데칠 때 색을 살리기 위해 식소다를 사용하기도 하는데, 비타민C 손실을 유발하고 세포벽을 구성하는 헤미셀룰로스를 파괴해 채소가 쉽게 뭉그러질 수 있으니 주의한다.

Ham & Sausage
햄과 소시지

샌드위치에는 돼지고기 · 소고기 · 닭고기 등으로 만든 다양한 식육 가공품이 사용된다.
햄과 소시지에는 소금과 향신료가 들어가거나 훈연향이 더해져 샌드위치의 간과 풍미를 좌우한다.

베이컨

돼지의 뱃살이나 옆구리살을 얇게 썰어 염장하고 훈연해 만든 것으로 샌드위치에 넣을 때는 오븐이나 팬에 구워 사용한다. 샌드위치용은 약간 바삭한 정도로 익혀 기름을 빼서 사용하고, 샐러드용은 바짝 구워 기름기가 빠지도록 한다.

프레스햄

돼지고기 및 여러 고기를 갈아 첨가물을 넣고 압착해 만든다. 슬라이스된 것을 그대로 사용하면 편리하지만, 기름을 살짝 둘러 구운 뒤 후추를 뿌려서 사용하면 더욱 맛이 좋다.

파스트라미

소고기를 염지, 훈연해 만든 햄으로 쫄깃하고 향이 강하다. 샌드위치에 이용할 때는 홀그레인 머스터드와 함께 얇게 저민 파스트라미를 두툼하게 넣어 만든다. 맛이 풍부해 단순한 재료로도 맛있는 샌드위치를 만들 수 있다.

터키브레스트햄

칠면조고기를 훈제한 것으로 누구나 즐기기 좋은 순한 맛과 닭고기보다 쫄깃한 식감을 가지고 있다. 돼지고기나 소고기를 먹지 않는 사람들에게 추천할 수 있는 재료이다.

치킨브레스트햄

닭가슴살에 향신료를 더해 훈제한 것으로, 육질이 부드럽고 담백하다. 닭고기를 일일이 조리하기 어려운 매장에서 사용하기 수월하다.

등심햄

돼지고기 등심으로 만든 프레스햄으로 돼지고기이지만 담백한 맛이 특징이다. 깔끔한 맛의 샌드위치에 적합하다.

살라미

살라미는 소고기와 돼지고기에 마늘과 소금, 향신료를 넣어 만든 이탈리아식 소시지이다. 간을 세게 하여 건조시킨 것으로 오픈 샌드위치 위에 올리거나 부드러운 빵에 달걀과 함께 넣기도 한다.

잠봉

잠봉은 돼지고기의 뒷다리살로 만든다. 프랑스어로 햄을 뜻하며 바게트를 반으로 잘라 콜드컷 그대로 얇게 저민 햄과 버터를 채워넣은 잠봉 뵈르를 만드는 데 많이 쓰인다.

하몽

하몽은 돼지고기의 뒷다리의 넓적다리 부분을 통째로 잘라 소금에 절여 건조 숙성시켜 만든 스페인의 대표적인 생햄이다. 치아바타에 아보카도, 토마토와도 잘 어울리는 샌드위치 재료이다.

프로슈토

프로슈토는 이탈리아의 북쪽지방인 파르마(Parma) 지방에서 생산되는 햄이다. 돼지고기나 멧돼지 뒷다리 혹은 넙적다리를 염장한 후 건조시킨 햄이다. 전채요리나 샌드위치, 파니니에 많이 쓰인다.

소시지

종류에 따라 가격이 천차만별이다. 끓는 물에 살짝 데치거나 칼집을 넣어서 기름을 두르고 익혀 핫도그나 브런치의 사이드 메뉴에 이용한다. 수제 소시지는 삶아서 사용한다.

훈제오리

오리를 훈연한 것으로 훈연 과정에서 기름기가 많이 빠져 자극적이지 않고 담백하고 쫄깃하다. 훈제 과정에서 소금이 많이 첨가되므로, 한 번 삶아서 소금기를 빼내고 먹는 게 더 좋다.

· Cheese ·
치즈

치즈는 샌드위치에 풍부한 맛을 더하는 가장 기본적인 재료 중 하나이다. 수분 함량에 따라 초경질 · 경질 · 연질치즈로 나누고 장식, 속재료, 소스 등 사용하는 방법도 제각각이다. 신선한 우유 향과 부드러운 맛을 가진 것부터 진한 발효향이 나는 것까지 다양한 치즈의 특성을 알아두고 샌드위치에 활용해보자.

놓치지 마세요 ▶ 수분 함량에 따른 치즈 종류

종류	수분함량	예
초경질치즈	25~30%	그라나파다노치즈
경질치즈	30~40%	에멘탈치즈, 체더치즈, 고다치즈
반경질치즈	38~45%	브리치즈, 고르곤졸라치즈, 모차렐라치즈
연질치즈	40~60%	카망베르치즈, 코티지치즈, 리코타치즈

놓치지 마세요 ▶ 치즈 보관은 이렇게

10℃ 내외의 어둡고 습하고 통풍이 잘 되는 곳에 보관하는 것이 좋다. 업장에서는 주로 냉장 보관하게 되는데, 냉장고 내부는 온 · 습도가 낮기 때문에 습도와 온도가 상대적으로 높은 채소칸에 넣는 것이 좋다. 냉장 보관할 때는 치즈가 마르는 것을 막기 위해 기름종이, 알루미늄포일, 플라스틱 포장용이나 본래 치즈가 포장되어 있던 용기에 두는 것이 좋다. 포장용기에 유통기한이 적혀있지만 치즈는 개봉 후 빠른 시간 내에 소비하는 것이 좋다. 밀폐용기에 담아 냉장 보관해도 곰팡이가 생길 수 있다.

생모차렐라치즈
이탈리아에서 유래한 치즈로 물소젖 혹은 우유 커드로 만든 프레시 치즈이다. 부드러운 맛과 쫄깃한 식감을 가지고 있으며 숙성 치즈 특유의 냄새가 없다. 토마토, 바질을 곁들여 카프레제 샌드위치를 만들거나 샐러드에 사용한다.

모차렐라치즈
보관성을 높이고 샌드위치나 햄버거에 사용하기 쉽게 슬라이스해 판매하는 모차렐라치즈이다. 브랜드에 따라 자연치즈와 가공치즈가 있다. 열을 가하면 풍미가 살아나면서 끈적끈적하게 늘어나므로 주로 따뜻한 샌드위치를 만들 때 사용한다.

체더치즈
영국의 체더 지방이 원산지로 전 세계적으로 가장 쉽게 볼 수 있는 치즈이다. 다른 유럽산 치즈처럼 이름이 법적인 보호를 받지 못해 체더라는 이름은 여기저기서 쓰인다. 흔한 만큼 체더치즈는 어떤 샌드위치에 넣어도 잘 어울린다.

페타치즈

페타치즈는 양젖이나 염소젖으로 만들어 소금물에 절여 만든 그리스 대표 생치즈이다. 진한 짭짤함과 신맛을 가지고 있으며 부드럽고 잘 부서진다. 샐러드에 자주 이용된다.

에멘탈치즈

여기저기 구멍이 뚫린 노란색 경질 치즈로 스위스를 대표하는 치즈이다. 잘 녹는 특성이 있어 퐁뒤, 피자, 파니니 그릴에 구운 따뜻한 샌드위치에 어울린다. 슬라이스해 차가운 샌드위치에도 사용한다.

프로볼로네치즈

이탈리아산 치즈로 조직이 부드러우며 결이 있어 가열하면 모차렐라처럼 늘어난다. 토마토, 올리브, 양파 등과 함께 사용해 샌드위치를 만들면 맛이 좋다.

고다치즈

고다치즈는 버터 빛깔을 띠는 큰 원반형의 반경질 치즈로 독특한 풍미와 부드러운 질감의 네덜란드 전통 치즈이다. 숙성 기간에 따라 그 맛과 질감이 달라지는 특성이 있으며 샌드위치에 넣거나 과일과 즐기기도 한다.

카망베르치즈와 브리치즈

카망베르치즈는 흰색 곰팡이 연성치즈로 프랑스 노르망디가 원산지이다. 샌드위치에 사용할 때는 얇게 자른 사과와 프로슈토를 더해 꿀을 곁들이면 좋다. 브리치즈 또한 프랑스를 대표하는 소프트 치즈로 바게트나 치아바타 샌드위치에 이용하면 좋다.

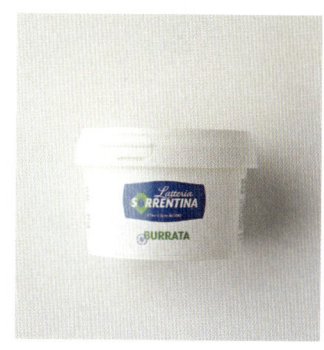

부라타치즈

모차렐라와 크림으로 만든 이탈리아의 프레시 치즈이다. 공모양으로 겉과 속 모두 흰색을 띤다. 크림과 같은 부드러운 질감을 지니고 있으며 버터, 우유의 풍미가 강하다.

Oil & Butter
유지

샌드위치를 만들 때 쓰는 유지는 식용유, 올리브유 등이 있다. 유지를 이용해 조리할 때는 기름 온도가 발연점까지 오르지 않도록 주의해야 한다. 발연점이란 기름을 가열했을 때 푸른 연기를 내기 시작하는 온도를 뜻하는데, 그 연기에는 눈과 호흡기를 자극하는 독성물질, 아크롤레인이 다량 포함되어 있다.

올리브오일

올리브오일은 엑스트라 버진, 버진, 퓨어(정제) 올리브오일 등으로 나뉜다. 버진 올리브유는 올리브를 처음으로 압착해 짜낸 것을 말하고 엑스트라버진은 버진 중에서 산도가 낮은 것, 즉 신선도가 좋은 오일을 말한다. 퓨어 올리브오일은 한 번 짠 올리브오일을 정제한 후 버진과 섞은 것이다. 퓨어올리브오일은 비교적 발연점이 높아 일반 식용유처럼 사용할 수 있고, 엑스트라 버진 올리브오일은 향이 좋아 주로 샐러드드레싱으로 가열 없이 사용한다. 햇빛이 들지 않는 서늘한 곳에 보관하고, 8℃ 이하에서 하얗게 굳는 성질이 있으므로 주의한다.

버터

버터에는 소금을 넣지 않은 무염버터와 소금을 넣은 가염버터가 있다. 무염버터는 조리용이나 빵, 제과에서 소금의 총량을 조절하기 위해 사용하는 경우가 많다. 이 책에서도 무염버터를 사용했다. 소금을 첨가한 가염버터는 일반적으로 가정에서 빵에 발라 먹거나 식재료를 볶거나 지질 때 많이 사용하고 있다.
샌드위치를 만들 때 빵 안쪽에 바르면 빵에 다른 재료의 수분이 흡수되어 축축해지는 것을 막을 수 있다. 사용 전에 실온에 꺼내 두어 부드럽게 만들면 사용하기 편하다.

놓치지 마세요 ▶ 유지 종류별 발연점

콩기름	옥수수기름	포도씨유	올리브유	퓨어 올리브유
220~240℃	270~280℃	약 250℃	180~200℃	220~240℃

Pickles
피클류

식초나 소금에 절여 보관성을 높인 피클은 잘게 다져 소스에 섞기도 하고, 슬라이스해 올리기도 한다.
적은 양을 써도 샌드위치에 감칠맛을 더할 수 있다.

오이피클   할라페뇨피클   올리브   케이퍼

오이피클

오이에 식초, 설탕, 향신료를 넣어 직접 만들기도 하지만, 사업장에서는 일정한 품질을 유지하기 위해 시판용을 주로 사용한다. 오이피클은 시중에 세 가지 형태로 판매된다. 슬라이스한 오이피클은 단 것과 단맛이 없는 것으로 나뉜다. 단맛이 있는 것은 주로 달걀, 햄, 치즈 등과 함께 사용하고, 단맛이 없는 것은 참치 샌드위치에 넣어 담백한 맛을 낼 때 사용한다. 다진 오이피클은 샌드위치 속 속재료를 만들 때 수분을 제거하고 사용한다. 통오이피클도 있는데 햄버거에 길게 슬라이스해서 넣거나 속재료에 오이피클이 보이도록 할 때 사용한다.

할라페뇨피클

매운맛이 강하고 육질이 두꺼운 멕시코산 고추로 만든 피클로 아삭아삭 씹는 맛이 좋다. 볶은 고기를 넣은 샌드위치에 잘게 다지거나 슬라이스해 넣는다. 은근히 올라오는 이국적인 매운맛이 입맛을 돋운다.

올리브

토마토와 양파, 치즈와 어울리는 재료이다. 사실 생올리브의 맛은 상당히 떫어서 그대로 먹기에는 부적합하다. 그래서 다양한 방법으로 떫은 맛을 제거하는데, 어떤 과정을 어떻게 적용하느냐에 따라 올리브 맛이 바뀐다. 일반적으로 대개 소금 절임이기에 소금 함량이 많다. 시판용은 슬라이스가 된 것과 통으로 된 것이 있는데 어느 것이든 용도에 맞게 사용하면 된다. 단, 병조림을 구매했을 때 병 옆면에 충격을 가하면 뚜껑이 쉽게 열리니 주의하고, 뚜껑에 녹이 슬면 안 되니 흠집이 생기지 않도록 한다.

케이퍼

케이퍼 꽃봉오리로 만든 향신료의 일종이다. 살짝 알싸한 맛이 있어 연어나 생선 커틀릿을 넣은 샌드위치와 궁합이 좋다. 훈제연어에 다진 양파와 케이퍼를 올려 만드는 게 대표적인 조합이다.

. Cutting .
빵 자르기

판매용 샌드위치를 자를 때 가장 중요한 것은 세 가지이다. 손실을 최소화할 것, 제품의 크기와 형태가 균일할 것, 먹기에 불편하지 않을 것. 한편 샌드위치는 자르는 방법에 따라 포장 방법도 달라진다는 점을 기억하자.

식빵 Pan loaf

어느 방향으로 자를지, 몇 등분할지에 따라 다양한 크기와 형태로 자를 수 있다.
식감이 거친 가장자리는 포 뜨듯 얇게 잘라낸다.

바게트 Baguette

양끝을 조금씩 잘라내고 길이에 따라 2~3등분 한다. 반을 가를 때는 가로로 평평하게 자른다.

롤빵 Bread roll, 크루아상 Croissant

빵의 측면 중간 높이보다 조금 위에서 사선으로 칼집을 넣은 후, 수평으로 반듯하게 자른다.
칼집을 사선으로 넣은 뒤 수평으로 자르면 속재료가 바깥으로 흘러나오는 것을 막을 수 있다.

잘 자른 예   잘못 자른 예

베이글 *Bagel*

반을 가를 때는 빵 두께의 절반 지점에 칼을 고정한 채 톱질하듯 움직이면서 빵을 한 바퀴 돌려 자른다. 손으로 빵을 누른 채 칼을 안으로 넣으면 자르기도 어려울뿐더러 일정한 두께를 유지하기도 쉽지 않다.

놓치지 마세요

식빵의 가장자리는 빵칼을 사용해 최대한 얇게 잘라낸다. 특히 산형 식빵의 경우 가장자리를 얼마나 얇게 자르느냐에 따라 완성된 샌드위치의 크기 차이가 많이 나기 때문에 소홀히 생각하지 않도록 한다.

잘된 예   잘못된 예

완성한 샌드위치 자르기

샌드위치를 자를 때는 속재료가 빠져나가지 않게 손으로 샌드위치를 고정하게 되는데, 이때 손가락 끝으로 부드러운 빵을 누르면 그대로 푹 꺼진 자국이 생겨 볼품없는 모양이 되고 만다. 손가락을 눕혀 가볍게 누르면 빵에 가하는 압력이 분산되어 자른 후에도 본래 형태를 유지할 수 있다.

잘된 예   잘못된 예

. Ready .
재료 밑준비

혼자 만들어 먹는 샌드위치라면 약간 뻣뻣한 달걀프라이, 기름이 덜 빠진 베이컨을 넣어도 큰 문제가 되지 않지만 판매할 때는 다르다. 재료를 준비할 때 놓치기 쉬운 작은 차이가 제품의 완성도를 좌우하고 매장과 제품에 대한 이미지를 결정한다.

토마토 *Tomato*

꼭지를 제거한 후 꼭지와 수직 방향으로 썬다. 만들려는 샌드위치에 맞게 원하는 두께로 썰면 되지만 대개는 0.5㎝ 두께로 잘라 준비한다. 토마토가 너무 얇으면 쉽게 물러질 수 있고, 반대로 너무 두꺼우면 다른 재료와 조화롭지 않다. 수분이 풍부한 재료니 소금, 후추 등으로 간한 후 키친타월 등으로 수분을 제거해 사용한다. 되도록 빵과 직접 닿지 않도록 한다.

오이 *Cucumber*

오이는 깨끗이 씻어 오돌토돌한 돌기 부분을 칼이나 필러 등으로 제거한 다음 0.3㎝ 정도의 두께로 얇게 썬다. 원하는 크기와 두께대로 균일하게 자르려면 슬라이서를 이용한다. 샌드위치에 이용할 때는 소금, 후추 등을 뿌려 잠시 두었다가 키친타월 등으로 물기를 제거한다. 수분이 빠진 오이는 훨씬 더 탄력있는 식감을 준다.

베이컨 *Bacon*

프라이팬에 올려 기름이 천천히 녹아 흘러나오도록 약한 불로 바삭해질 때까지 오래 굽는다. 대량으로 구울 경우에는 철판에 펼쳐 180℃ 오븐에 굽는다. 이때 너무 과도하게 굽거나 덜 익히지 않도록 주의한다. 덜 익은 베이컨은 비린내가 날 수 있고, 과도하게 구운 베이컨은 쉽게 부서져 샌드위치보다는 샐러드에 사용하는 것이 좋다. 다 굽고 난 후에는 키친타월에 올려 베이컨에서 나온 기름이 하얗게 굳기 전에 제거한다.

굽기 전   구운 후

달걀 Egg

⊕ 삶기
달걀은 잠길 듯 말 듯하게 찬물을 붓고 껍질이 잘 벗겨지도록 약간의 소금을 넣어 20분간 완숙으로 삶는다. 너무 오래 삶거나 삶은 직후 찬물에 담가 열기를 식히지 않으면 노른자가 황녹색으로 변할 수 있다. 보기에도 좋지 않고 제품의 향이 나빠질 수 있으니 주의한다.

⊕ 지단
달걀을 볼에 넣고 거품이 일지 않도록 잘 저어 푼 다음 체에 내려 알끈을 제거하고 얇게 부친다. 간은 소금으로 하고 타지 않도록 주의한다.

⊕ 프라이
프라이팬에 기름을 두르고 달걀을 깨 넣은 다음 소금을 약간 뿌려 지져 내거나 기름을 두른 베이킹컵에 달걀을 넣고 170℃ 오븐에서 5분 정도 익힌다. 오븐에 익히면 모양이 일정하게 나오고 여러 개를 한 번에 익힐 수 있어 대량 생산을 할 때 편리하다. 단, 너무 오래 익히면 표면이 질겨질 수 있으니 주의한다.

닭고기 | Chicken

⊕ 삶기
샌드위치에는 닭가슴살이나 안심을 주로 사용한다. 조리 전 식감을 해치는 질긴 힘줄 부분을 반드시 제거하고 깨끗이 씻어 끓는 물에 익힌 후 결대로 찢어 양념한다. 마요네즈와 소금, 후추에 버무려서 사용하기도 한다.

⊕ 튀기기
길게 썰어 소금, 후추로 간한 닭가슴살에 튀김옷을 입혀 기름에 튀기면 흔히 말하는 치킨 텐더가 된다. 토르티아나 식빵 사이에 넣고 토마토, 피클, 채소를 곁들여 샌드위치를 만든다.

⊕ 굽기
포 뜬 닭가슴살을 소금, 후추로 간하고 팬에 구워서 샌드위치나 샐러드에 사용한다. 굽기 전 올리브유, 월계수 잎, 통후추를 더해 재우면 한층 부드럽고 고급스러운 맛을 즐길 수 있다. 데리야키 소스나 매운 소스에 재운 닭고기를 더하면 샌드위치에 감칠맛을 줄 수 있다.

. Ready .
재료 쌓기

재료를 손질하고 쌓아올려 샌드위치를 만드는 일은 누구나 할 수 있을 것처럼 간단해 보이지만 생각처럼 쉽지 않은 과정이다. 특히 상품성을 훼손하지 않고 소비자가 선택하는 샌드위치를 만들려면 샌드위치를 쌓는 일이 단순히 재료를 쌓는 일이 아닌, 각각의 재료에 대한 노하우를 쌓는 일이란 의식을 가져야 한다.

빵 Bread

빵에는 대부분 버터나 마요네즈 소스 등의 유지를 발라 수분 흡수를 방지하지만 그렇다 하더라도 토마토나 야채 등 수분이 많은 재료와 빵은 직접 닿지 않도록 한다. 또 속재료를 넣을 때는 가운데 부분을 두둑하게 넣는 경우가 많은데 이때 빵의 안쪽을 조금 떼어내면 속재료를 많이 넣어도 샌드위치를 안정적으로 만들 수 있다. 그러나 너무 많이 떼어내면 폭신한 식감을 낼 수 없으므로 주의한다.

스프레드 Spread

정량의 스프레드를 빵 모서리, 가장자리까지 꼼꼼히 코팅하듯 펴 바른다. 스프레드는 빵의 크기에 따라서 양을 달리하는데, 예를 들어 통상적인 식빵의 크기는 11×11㎝이므로 6~10g 내외, 개당 30~40g 정도의 작은 롤빵은 5g 정도를 바르는 게 좋다. 타르타르소스처럼 다진 피클, 양파 같은 재료가 많이 들어간 스프레드는 대략 10~15g씩 바르는 것이 적당하다.

↳ 잘된 예

↳ 잘못된 예

버터 Butter

버터는 주로 무염버터를 사용하는데 빵에 스프레드처럼 바르거나 차가운 상태 그대로 썰어 속재료로 사용한다. 부드러운 상태로 만들어서 빵에 바를 때는 남는 부분이 없이 꼼꼼히 바르고 바게트같이 기공이 큰 빵이라면 기공에 버터가 들어갈 만큼 충분한 양을 발라준다. 차갑게 굳혀 하드계열 빵에 넣을 때는 긴 면을 따라 잘라 한 덩어리로 올리거나 먹기 좋은 크기로 잘라 올린다.

양상추 Lettuce

양상추는 낱장으로 뜯어 꼼꼼히 세척하는 것이 중요하다. 이 과정에서 양상추의 크기와 모양이 불규칙하게 잘라지게 되는데 자칫 잘못 넣으면 샌드위치의 모양새를 해칠 수 있다. 따라서 빵에 올릴 때는 서너 장씩 겹쳐 가지런히 정리해 넣도록 한다.

로메인 등의 잎채소 Leafy greens

식빵 위에 로메인처럼 길쭉한 형태의 잎채소를 넣을 때는 대각선 방향으로 넣는 것이 좋다. 그래야 잘랐을 때 잎채소의 녹색이 골고루 보인다. 또 잎의 크기가 클 경우엔 잎의 하얀 부분까지 모두 사용한다. 그래야 좀 더 좋은 식감을 얻을 수 있다.

▶ **놓치지 마세요**

평균 크기 로메인은 1장 당 약 10g이다.

↳ 잘못 올린 로메인　　↳ 잘 올린 로메인

훈제 연어, 슬라이스 햄
Smoked salmon, Sliced ham

훈제 연어나 슬라이스 햄은 같은 양을 넣더라도 그대로 쌓아 올리는 것보다 한 장을 여러 겹으로 접어 모양을 내어 넣으면 볼륨감도 살고 잘랐을 때 단면도 더 먹음직스럽다. 슬라이스 햄은 돼지고기 함량 90% 이상인 제품으로 쓰는 게 맛이 더욱 좋다.

Spread
스프레드

스프레드는 샌드위치의 부족한 맛을 채워주고, 빵과 속재료가 잘 붙도록 하는 접착제 역할을 할 뿐만 아니라 속재료의 수분이 빵에 흡수되지 않도록 막아주기까지 한다. 샌드위치의 전반적인 맛과 잘 어우러지도록 다양한 조합으로 응용해보자.

마요네즈 Mayonnaise를 이용한 스프레드

 +

케첩 　　양파　　피클

→ 달걀이 들어간 속재료와 잘 어울린다.

마요네즈 특유의 고소한 감칠맛은 어떤 재료를 가미하느냐에 따라 무궁무진하게 변한다.

→ 단독으로도 사용하지만 마요네즈와 혼합하여 사용하면 초리조, 살라미 등 향신료 맛이 강한 속재료와 잘 어울린다.

홀그레인 머스터드

→ 게맛살을 이용한 속재료에 어울린다.

고추냉이

→ 마요네즈, 옐로우머스터드, 꿀의 조합으로 허니머스터드가 완성된다. 치킨 커틀릿 등과 잘 어울린다.

옐로머스터드　　꿀

→ 고기를 이용한 커틀릿이나 스테이크를 구워 넣은 샌드위치에 좋다.

스테이크소스

양파　　피클　　케이퍼　　삶은 달걀

→ 마요네즈+양파+피클+케이퍼+삶은달걀은 타르타르소스의 형태로 생선 커틀릿이나 새우 등의 커틀릿 샌드위치에 좋다.

→ 토스트한 식빵이나 핫도그번에 이용하면 좋다.

겨자

→ 핫도그번이나 햄버거번에 소시지나 고기를 이용한 샌드위치와 잘 어울린다.

칠리소스

버터 Butter를 이용한 스프레드

버터는 상온에 잠시 두어 부드러운 상태에서 다른 재료와 섞어 사용한다.

+

구워서 으깬 통마늘

→ 갓 구운 베이글이나 치아바타와 잘 어울린다.

+

잘게 잘라 구운 베이컨

→ 곡물베이글이나 캉파뉴, 통밀빵에 어울린다.

+

건크랜베리, 아몬드, 헤이즐넛 등 견과류

→ 바게트나 캉파뉴, 통밀빵, 베이글에 이용하기 좋다.

크림치즈 *Cream cheese*를 이용한 스프레드

크림치즈를 이용한 스프레드는 토스트한 하드 계열의 빵이나 베이글에 잘 어울린다.

베이컨칩

→ 베이글이나 호밀빵, 토스트한 식빵, 곡물빵에 이용하면 좋다

건크랜베리

→ 크림치즈에 건크랜베리를 2~3등분으로 잘라서 넣고 혼합하여 하드계열의 빵이나 토스트한 호밀빵과 곁들이면 좋다.

다진 양파 볶음
(렌치 크림치즈)

→ 양파를 다져서 볶은 다음 크림치즈와 혼합하여 사용한다. 베이글이나 하드계열의 빵 등과 잘 어울린다.

다진 블랙 올리브

→ 올리브 치아바타나 호밀빵 하드계열의 빵을 사용해 오픈 샌드위치를 만들 때 올리면 좋다.

캐러멜소스

→ 곡물빵이나 식빵에 발라 구워내면 달콤하고 고소한 풍미를 낼 수 있다.

꿀

→ 토스트한 베이글과 캉파뉴 등과 잘 어울린다.

BAKERY CAFE SANDWICH

3
샌드위치 포장의 중요성

샌드위치는 여러 방식으로 판매된다. 샐러드나 다양한 가니시를 곁들여 플레이팅 하는 방식도 있고, 고객이 빵과 속재료를 고르면 즉석에서 만들어 제공하는 방식도 있다. 전자는 포장이 필요하지 않고 후자는 모든 제품을 같은 방법으로 포장하기 때문에 문제가 되지 않는다.

하지만 대부분의 베이커리처럼 미리 만들어 둔 샌드위치를 냉장 진열해 판매하는 경우는 상황이 다르다. 상품 가치를 결정하는 데 포장이 생각보다 큰 비중을 차지하기 때문이다.

샌드위치를 어떻게 포장할지 정할 때는 많은 요소를 고민해야 한다. 포장된 상태에서 각 제품의 특색을 드러내 눈길을 끌 수 있어야 하고, 빵과 속재료에 대한 정보를 전달할 수 있어야 한다. 가지고 이동할 때나 먹을 때의 편리성을 고려해야 하며, 건조한 냉장 진열대 안에서도 최상의 맛을 유지할 수 있어야 한다. 그리고 무엇보다도 최소한의 단가로 샌드위치를 돋보이게 해 상품 가치를 높여야 한다.

Packaging
OPP 비닐

손잡이형 (커팅)

먹기 좋게 자른 샌드위치를 각각 주름컵으로 감싸고, 단면이 아닌 윗부분이 보이도록 담는다. 곱슬곱슬한 잎채소 끝부분이 다른 재료와 함께 보여 더욱 신선해 보이고 먹음직스럽다.

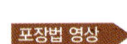

↘ 스패니시 오믈렛 샌드위치 → p.72

↘ 햄 치즈 캉파뉴 → p.92

↘ 아보카도 포카치아 → p.84

손잡이형 (커팅X)

자르지 않은 샌드위치 그대로의 모양을 살려 포장한다. 단면이 보이는 것은 아니지만 비닐 포장지로 윗부분을 여유 있게 포장하여 속재료를 눈으로 확인할 수 있다. 크기에 따라 한 번에 두 개씩 담아 보다 든든한 샌드위치를 원하는 고객에게 제공할 수 있다.

↘ 에그 샌드위치 → p.60

↘ 파스트라미 바게트 → p.90

↘ 매콤 치킨 모닝롤 → p.114

↳ 단호박 고구마 라임 모닝롤 → p.116

↳ 미니 핫도그 → p.138

포장법 영상

밀착형 (커팅)

유산지로 감싼 샌드위치를 반으로 잘라 단면이 보이도록 포장한다. 유산지로 샌드위치를 포장할 때는 너무 타이트하게 감싸 재료가 짓눌리거나 너무 헐렁하게 감싸 속재료가 흩어지지 않도록 한다. 남은 OPP비닐을 접거나 테이프를 붙여 정리한 부분이 샌드위치의 단면을 가리지 않도록 한다.

↳ 클럽 샌드위치 → p.62

↳ 참치 베이글 → p.96

포장법 영상

↳ 새우튀김 토르티아 → p.126

↳ 로스트 치킨 살사 토르티아 → p.128

밀착형 (커팅X)

샌드위치를 자르지 않고 모양을 살려 OPP비닐이 밀착되도록 포장한다. 노릇노릇 색이 나게 굽거나 깨, 잡곡 등 부재료를 올려 구운 빵의 먹음직스러운 윗면을 강조할 수 있는 방법이다. 재료를 풍부하게 넣으면 단면을 드러내지 않아도 속재료를 보여줄 수 있다.

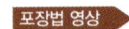 포장법 영상

↳ 터키햄 & 치즈 샌드위치 → p.70

↳ 데리야키 치킨 샌드위치 → p.74

↳ 훈제연어 베이글 → p.098

↳ 에그 & 게맛살 크루아상 → p.104

↳ 이탈리안 잉글리시 머핀 → p.120

↳ 불고기 핫도그 → p.132

고깔모양 개별포장

크기가 작은 샌드위치의 경우 입체적인 모양을 살려 낱개 포장하면 보기에도 앙증맞고 구입할 때 부담도 적다. 젊은 여성들에게 인기 있는 포장법이다.

 포장법 영상

↳ B.L.T. 크루아상 → p.106

↳ 미니 돈가스 모닝롤 → p.112

Packaging
트레이+투명 뚜껑

트레이가 샌드위치를 안정적으로 받쳐 주기 때문에 운반하기 편리하고 구성이나 놓는 방식에 변화를 줄 수 있는 포장법이다. 먹기 좋게 잘라 같은 모양으로 나란히 배치하는 것이 일반적이지만 반으로 잘라 한 조각은 윗면이, 다른 조각은 단면이 보이도록 하거나 샐러드를 함께 담는 방법도 시도해 볼 수 있다.

↳ 구운 버섯 닭가슴살 샌드위치 → p.64

↳ 매콤 참치 샌드위치 → p.68

↳ 카프레제 치아바타 → p.82

↳ 새우 & 아보카도 레몬 크림치즈 바게트
→ p.88

↳ 햄 치즈 베이글 → p.94

↳ 베리잼 & 고소한 견과류잼 베이글 → p.100

↳ B.L.T. 크루아상 → p.106

↳ 코울슬로 데니시 페이스트리 → p.108

↳ 돈가스 토르티아 → p.130

↘ B.L.T. 잉글리시 머핀 → p.118

↘ 샌드위치&샐러드

Packaging
펄프 용기

친환경 소재로 최근 들어 점점 많은 매장에서 사용하는 추세이다. 뚜껑은 투명 뚜껑으로 대체 가능하나 뚜껑 역시 펄프 소재일 경우 덮어 놓으면 속재료를 볼 수 없다는 것과 단가가 비교적 비싸다는 것이 단점이다.

↘ 매콤 치킨 치아바타 → p.80

↘ 잠봉 뵈르 → p.86

↘ 양송이버섯 햄버거 → p.134

↘ 햄 에그 증편 샌드위치 → p.140

Packaging
유산지로 포장하기 & 커팅

완성된 샌드위치는 손실을 최소화하여 자른다. 샌드위치를 유산지에 싸서 커팅하면 속재료가 많더라도 안정적으로 자리 잡아 커팅하기 수월하다. 자른 뒤 단면이 앞을 보이게 포장하면 먹음직스럽고 먹기에도 편리하다.

포장법 영상

↘ 클럽 샌드위치 → p.62

↘ 참치 베이글 → p.96

샌드위치와 포장 숙련도

샌드위치를 상품으로 최종 완성하는 것은 포장 작업자의 숙련도가 아닐까 생각한다. 샌드위치를 완벽하게 만들어도 포장이 미숙하면 상품 가치가 현저히 떨어진다. 포장지가 구깃구깃하거나, 각이 무너져 이도 저도 아닌 모양을 한다면 구매자는 아무리 맛있다고 소문난 샌드위치라도 선뜻 고를 수 없을 것이다. 지문이나 소스, 재료에서 배어 나온 수분이 뿌옇게 찍힌 포장지도 마찬가지다. 포장지를 더럽히지 않도록 조심하면서 샌드위치의 형태를 유지하며 샌드위치를 포장하는 일은 결코 쉽지 않다. 자신에게 맞는 가장 효율적인 방법을 익히고, 여러 번 반복해 깔끔한 포장을 완성할 수 있도록 한다.

에피소드

10여 년 전, 안국동에 있는 베이커리 매장에서 근무한 적이 있다. 그곳에서는 베이글 샌드위치를 4등분하여 용기에 포장했는데, 먹기 좋은 크기라고 많은 사람들이 좋아했었다. 그 후 삼성동에 있는 다른 매장으로 발령을 받았는데 그곳에서는 베이글 샌드위치를 2등분해서 OPP에 포장해 판매하고 있었다. 나는 경험을 살려 판매율을 높여보자는 생각으로 베이글 샌드위치를 4등분해서 내놓기 시작했는데 판매율이 뚝 떨어졌다. 포장만 바꾸었을 뿐인데 사람들은 다른 제품으로 인식한 것이다. 결국 원래대로 포장 방법을 바꾸고 나서야 판매율을 회복할 수 있었다.

PAN LOAF

식빵 · 통밀빵

WHOLE WHEAT BREAD

· Pan Loaf ·
EGG SANDWICH
에그 샌드위치

샌드위치를 만들면서 알게 된 것이 있다. 달걀 샌드위치는 누구나 좋아한다는 것과 아침에는 대체로 부드러운 달걀이 들어간 샌드위치를 선호한다는 것이다. 버터가 듬뿍 들어간 브리오슈 식빵을 이용해 부드러운 식감이 배가된 에그 샌드위치로 아침 식사를 든든하게 해결해보자.

INGREDIENTS
샌드위치 구성

브리오슈 식빵 [1장]
머스터드 마요네즈 [7g]
▼
슬라이스 햄 [3장]
달걀 필링 [70g]
토마토 슬라이스 [1개]
이자벨 [25g]
양상추 [10g]
로메인 [10g]
▲
머스터드 마요네즈 [7g]
브리오슈 식빵 [1장]

HOW TO MAKE
샌드위치 만들기

머스터드 마요네즈
마요네즈 100g, 홀그레인 머스터드 10g, 옐로 머스터드 5g
1 볼에 마요네즈, 홀그레인 머스터드, 옐로 머스터드를 넣고 섞는다.

달걀 필링
삶은 달걀 3개, 오이피클 15g, 마요네즈 40g, 소금 약간, 후추 약간
1 삶은 달걀과 오이피클은 0.3㎝ 두께로 슬라이스한다.
2 볼에 ①, 마요네즈, 소금, 후추를 넣고 버무린다.

완성하기
1 브리오슈 식빵을 구워 안쪽 면에 각각 머스터드 마요네즈를 7g씩 펴 바른다.
   tip 브리오슈 식빵은 산형으로 준비한다. 브리오슈 식빵이 없다면 우유 식빵으로 대체할 수 있다.
2 로메인, 양상추, 이자벨을 얹는다. 잎채소가 빵보다 클 경우에는 한 번 접어 넣는다.
3 토마토 슬라이스, 달걀 필링, 슬라이스 햄을 올린다.
   tip 슬라이스 햄은 돼지고기 함량이 90% 이상인 제품으로 준비한다.
4 브리오슈 식빵을 덮는다.

↖ 머스터드 마요네즈

↖ 포장하기

· Pan Loaf ·
CLUB SANDWICH
클럽 샌드위치

세 장의 식빵 사이에 햄, 토마토, 달걀 등 다채로운 재료를 층층이 쌓은 클럽 샌드위치는 한끼 식사로 제격이다.
1890년대 미국의 사교 클럽에서 제공된 것이 시작이라고 하며 트리플 데커 샌드위치(Triple decker sandwich) 라고도 한다.

INGREDIENTS
샌드위치 구성

곡물 식빵 [1장]
옐로 머스터드 마요네즈 [6g]
▼
체더 슬라이스 치즈 [1장]
지단 [1장]
오이 슬라이스 [3개]
양상추 [20g]
버터헤드레터스 [10g]
▼
옐로 머스터드 마요네즈 [6g]
하얀 식빵 [1장]
옐로 머스터드 마요네즈 [6g]
▲
슬라이스 햄 [3장]
토마토 슬라이스 [1개]
양상추 [15g]
버터헤드레터스 [10g]
▲
옐로 머스터드 마요네즈 [6g]
곡물 식빵 [1장]

HOW TO MAKE
샌드위치 만들기

지단
1 볼에 달걀을 풀고 소금을 한 꼬집 넣은 다음 체에 걸러 부드럽게 만든다.
2 팬에 붓고 약불에서 익힌다. 사각 팬을 이용해 네모난 지단을 만들면 편리하다.
   tip 지단은 달걀프라이로 대체할 수 있다.

옐로 머스터드 마요네즈
마요네즈 100g, 옐로 머스터드 15g
1 볼에 마요네즈, 옐로 머스터드를 넣고 섞는다.

완성하기
1 곡물 식빵을 구워 안쪽 면에 옐로 머스터드 마요네즈를 6g씩 펴 바른다.
2 ①의 곡물 식빵 1장 위에 버터헤드레터스 10g, 양상추 15g을 얹는다.
   tip 버터헤드레터스는 로메인으로 대체할 수 있다.
3 토마토 슬라이스, 슬라이스 햄을 올린다.
   tip 슬라이스 햄은 린햄으로 대체할 수 있다. 단, 돼지고기 함량에 따라 맛의 차이가 있다.
4 하얀 식빵을 구워 양쪽 면에 옐로 머스터드 마요네즈를 6g씩 바르고 ③ 위에 올린다.
5 버터헤드레터스 10g, 양상추 20g을 얹는다.
6 오이 슬라이스, 지단, 체더 슬라이스 치즈를 차례대로 올린다.
7 곡물 식빵 1장을 덮는다.

옐로 머스터드 마요네즈

포장하기

· Pan Loaf ·
MUSHROOM & CHICKEN BREAST SANDWICH
구운 버섯 닭가슴살 샌드위치

고소한 곡물 식빵에 볶은 땅콩을 고루 입힌 닭고기와 구운 느타리버섯을 올려 건강한 맛에 풍미를 한껏 더했다.
버섯은 팬에 볶고 나면 부피가 줄어들 수 있으니 취향에 따라 넉넉히 넣어도 좋다.

INGREDIENTS
샌드위치 구성

곡물 식빵 [1장]
마요네즈 [10g]
▼
체더 슬라이스 치즈 [1장]
느타리버섯 [20g]
닭가슴살 필링 [70g]
토마토 슬라이스 [1개]
이자벨 [25g]
양상추 [10g]
로메인 [10g]
▲
마요네즈 [10g]
곡물 식빵 [1장]

HOW TO MAKE
샌드위치 만들기

닭가슴살 필링

닭가슴살 80g, 마요네즈 80g, 소금 약간, 후추 약간, 레몬주스 5g, 땅콩 분태 30g

1 닭가슴살은 힘줄을 제거하고 깨끗이 씻어 끓는 물에 넣고 안쪽이 익을 때까지 삶는다.
   다 익으면 체에 받쳐 식힌 후 잘게 찢는다.
2 볼에 ①의 닭가슴살, 마요네즈, 소금, 후추, 레몬주스, 땅콩 분태를 넣고 버무린다.
   땅콩 분태는 팬에 기름 없이 약불로 굽거나 180℃ 오븐에서 5분 동안 굽는다.

느타리버섯 구이

느타리버섯 100g, 소금 약간, 후추 약간, 올리브오일 20g

1 볼에 낱개로 뜯은 느타리버섯, 소금, 후추, 올리브오일을 넣고 버무린다.
2 220℃ 오븐에서 10~12분 동안 굽는다.

완성하기

1 곡물 식빵을 구워 안쪽 면에 마요네즈를 10g씩 펴 바른다.
2 곡물 식빵 위에 로메인, 양상추, 이자벨을 얹는다.
3 토마토 슬라이스, 닭가슴살 필링, 느타리버섯을 차례대로 올린다.
4 체더 슬라이스 치즈를 올리고 곡물 식빵 1장을 덮는다.

삶은 닭가슴살

포장하기

· Pan Loaf ·
VEGETABLE SANDWICH
채소 가득 샌드위치

구운 채소, 뭉근하게 볶아 단맛을 끌어올린 양파, 잎채소를 넣어 채식을 선호하는 이에게 안성맞춤인 샌드위치이다.
파니니 그릴에 구워 브런치 메뉴로 내도 좋다.

INGREDIENTS
샌드위치 구성

곡물 식빵 [1장]
발사믹 글레이즈 [5g]
▼
모차렐라 슬라이스 치즈 [1장]
루콜라 [10g]
로메인 [20g]
토마토 슬라이스 [1개]
캐러멜 양파 [15g]
구운 채소 [80g]
▲
바질페스토(시판용) [10g]
곡물 식빵 [1장]

HOW TO MAKE
샌드위치 만들기

구운 채소
가지 슬라이스 5개, 단호박 슬라이스 4개, 주키니호박 슬라이스 6개,
소금 약간, 후추 약간, 올리브오일 20g

1 가지는 0.5㎝ 두께로 어슷썰기한다.
2 단호박은 껍질을 깐 뒤 7㎝ 길이, 0.5㎝ 두께로 자른다.
3 주키니호박은 0.5㎝ 두께로 슬라이스한다.
4 ①, ②, ③을 소금, 후추로 간하고 올리브오일을 뿌린다.
5 200℃ 오븐에서 8~10분 동안 굽는다.

캐러멜 양파
양파 2개, 발사믹 식초 20g

1 0.3㎝ 두께로 슬라이스한 양파를 팬에 넣어 갈색이 날 때까지 볶는다.
2 발사믹 식초를 넣고 볶아 색을 입힌 다음 불에서 내려 식힌다.
   tip 양파는 캐러멜색이 나면 단맛이 더욱 좋아지므로 약불에서 충분히 색이 나도록 볶는다.

완성하기
1 곡물 식빵 1장의 안쪽 면에 바질페스토를 펴 바른다.
2 ① 위에 구운 단호박, 주키니호박, 가지, 캐러멜 양파, 토마토 슬라이스를 차례대로 올린다.
3 로메인, 루콜라를 얹고 모차렐라 슬라이스 치즈를 올린다.
4 나머지 곡물 식빵 1장의 안쪽 면에 발사믹 글레이즈를 바르고 덮는다.
5 180℃ 파니니 그릴에 올려 모차렐라 슬라이스 치즈가 녹을 때까지 굽는다.
   tip 이 레시피는 따뜻한 샌드위치로 만드는 경우이다. 냉장 샌드위치로 만들고자 할 때는 곡물 식빵을 미리 토스트 해 그대로 작업하면 된다.

↘ 바질페스토

↘ 포장하기

·Whole Wheat Bread·
SPICY TUNA SANDWICH
매콤 참치 샌드위치

참치에 할라페뇨의 톡 쏘는 매운맛을 더해 느끼함을 잡았다.
먹고 난 후에 입 안에 깔끔한 여운이 남는 샌드위치이다.

INGREDIENTS
샌드위치 구성

통밀빵 [1장]
(1.5㎝ 두께로 슬라이스한 것)
옐로 머스터드 마요네즈 [7g]
▼
참치 필링 [70g]
체더 슬라이스 치즈 [1장]
오이 슬라이스 [3~4개]
토마토 슬라이스 [1개]
양상추 [10g]
이자벨 [15g]
크리스피아노 [10g]
▲
옐로 머스터드 마요네즈 [7g]
통밀빵 [1장]
(1.5㎝ 두께로 슬라이스한 것)

HOW TO MAKE
샌드위치 만들기

참치 필링(2개 분량)
캔참치 150g, 다진 양파 20g, 다진 오이피클 10g, 다진 할라페뇨 20g,
마요네즈 40g, 후추 약간, 레몬즙 10g

1 캔참치는 체에 받쳐 기름을 제거한다.
2 볼에 참치와 나머지 재료를 모두 넣고 버무린다.
   tip▶ 양파, 오이피클, 할라페뇨는 물기를 제거해 다진 다음 키친타월로 한 번 더
        물기를 없애야 재료를 섞은 뒤에도 수분이 덜 배어나온다.

옐로 머스터드 마요네즈
마요네즈 100g, 옐로 머스터드 15g

1 볼에 마요네즈, 옐로 머스터드를 넣고 섞는다.

완성하기
1 통밀빵 안쪽 면에 옐로 머스터드 마요네즈를 7g씩 펴 바른다.
   tip▶ 통밀빵은 곡물 식빵으로 대체할 수 있다.
2 통밀빵 위에 크리스피아노, 이자벨, 양상추를 얹는다.
3 슬라이스한 토마토, 오이, 체더 슬라이스 치즈를 차례로 올린다.
   tip▶ 토마토는 0.5㎝, 오이는 0.3㎝ 두께로 슬라이스한다.
4 참치 필링을 올리고 ①의 나머지 통밀빵 1장을 덮는다.

옐로 머스터드 마요네즈

포장하기

Whole Wheat Bread

TURKEY HAM & CHEESE SANDWICH
터키햄 & 치즈 샌드위치

칠면조고기로 만드는 터키햄은 돼지고기햄과 맛의 큰 차이는 없지만,
다른 고기류에 비해 고단백 저칼로리 건강 식재료로 다이어트 식품으로도 인기가 높다.
돼지고기가 들어가지 않은 제품을 찾던 무슬림 손님을 나의 오랜 단골로 만들어준 고마운 샌드위치다.

INGREDIENTS
샌드위치 구성

미니 통밀빵(타원형) [1/2개]
디종 마요네즈 [8g]
▼
프로볼로네치즈 [1장]
터키브레스트햄 [3장]
토마토 슬라이스 [1개]
이자벨 [10g]
크리스피아노 [10g]
▲
디종 마요네즈 [8g]
미니 통밀빵(타원형) [1/2개]

HOW TO MAKE
샌드위치 만들기

디종 마요네즈
마요네즈 50g, 디종 머스터드 13g
1 볼에 마요네즈, 디종 머스터드를 넣고 섞는다.

완성하기
1 미니 통밀빵을 가로로 반 가른 다음 안쪽 면에 디종 마요네즈를 8g씩 펴 바른다.
   tip 통밀빵을 가를 때는 사선이 되지 않도록 주의한다.
   사선으로 자르면 속재료가 밑으로 쏠릴 수 있다.
2 ①의 아래쪽 미니 통밀빵 위에 이자벨, 크리스피아노를 얹는다.
3 토마토 슬라이스, 터키브레스트햄, 프로볼로네치즈를 올린다. 터키브레스트햄은 2번 접어 볼륨 있게 모양을 잡고, 프로볼로네치즈는 반으로 잘라 겹쳐 놓는다.
4 ①의 위쪽 미니 통밀빵을 덮는다.

디종 마요네즈

포장하기

Whole Wheat Bread

SPANISH OMELET SANDWICH
스패니시 오믈렛 샌드위치

타원형의 통밀빵 안에 시금치와 양송이버섯을 곁들인 오믈렛을 올리면
맛도 영양도 훌륭한 샌드위치가 완성된다.

INGREDIENTS
샌드위치 구성

통밀빵 [1장]
(1.5cm 두께로 슬라이스한 것)
사우전아일랜드 [15g]
▼
체더 슬라이스 치즈 [1장]
스위트 오이피클 [3개]
오믈렛 [1장]
토마토 슬라이스(반원형) [3개]
이자벨 [15g]
양상추 [20g]
로메인 [10g]
▲
사우전아일랜드 [15g]
통밀빵 [1장]
(1.5cm 두께로 슬라이스한 것)

HOW TO MAKE
샌드위치 만들기

오믈렛
달걀 1개, 시금치 20g, 양송이버섯 10g, 그라나파다노치즈 가루 5g, 소금 약간
1 달걀은 거품기로 풀어 알끈을 제거한다.
2 시금치는 끓는 물에 소금을 넣고 살짝 데친 다음 찬물에 헹궈 물기를 제거하고 잘게 썬다.
3 양송이버섯은 0.3cm로 다져 볶은 후 식힌다.
  tip 양송이버섯의 온도가 높으면 섞었을 때 달걀이 익을 수 있으므로 식힌 후 사용한다.
4 볼에 ①, ②, ③을 넣고 섞은 다음 그라나파다노치즈 가루, 소금을 넣고 섞는다.
5 기름을 두른 오믈렛 팬에 ④를 붓고 반으로 접어서 익힌다.

사우전아일랜드
토마토 케첩 20g, 마요네즈 20g, 다진 양파 10g, 다진 오이피클 20g, 소금 약간, 후추 약간
1 볼에 토마토 케첩, 마요네즈, 다진 양파, 다진 오이피클, 소금, 후추를 넣고 섞는다.

완성하기
1 통밀빵을 반 가른 다음 안쪽 면에 사우전아일랜드를 15g씩 펴 바른다.
2 ①의 아래쪽 통밀빵 위에 로메인, 양상추, 이자벨을 얹는다.
3 토마토 슬라이스, 스위트 오이피클, 오믈렛을 올린다.
4 2등분한 체더 슬라이스 치즈를 올리고 ①의 위쪽 통밀빵을 덮는다.

사우전아일랜드

포장하기

· Whole Wheat Bread ·
TERIYAKI CHICKEN SANDWICH
데리야키 치킨 샌드위치

데리야키 소스에 재운 닭가슴살에 참깨 소스를 더한 샌드위치로,
달짝지근한 맛 사이로 고소한 향이 가득 묻어난다.

INGREDIENTS
샌드위치 구성

미니 통밀빵(타원형) [1/2개]
볶은 참깨 마요네즈 [8g]
▼
체더 슬라이스 치즈 [1장]
이자벨 [10g]
볶은 양파 슬라이스 [20g]
데리야키 치킨 [70g]
토마토 슬라이스 [1개]
크리스피아노 [15g]
▲
볶은 참깨 마요네즈 [8g]
미니 통밀빵(타원형) [1/2개]

HOW TO MAKE
샌드위치 만들기

볶은 참깨 마요네즈
마요네즈 50g, 볶은 참깨가루 20g
1 볼에 마요네즈, 볶은 참깨가루를 넣고 섞는다.

데리야키 치킨
닭가슴살 120g, 데리야키 소스(시판용) 30g, 소금 약간, 후추 약간, 올리브오일 10g
1 닭가슴살은 힘줄을 제거하고 깨끗이 씻은 다음 물기를 제거한다.
2 ①의 닭가슴살에 데리야키 소스, 소금, 후추, 올리브오일을 넣고 버무린 후 30분 동안 재운다.
3 기름을 두른 팬에 ②를 넣어 안쪽까지 익힌 다음 먹기 좋은 크기로 썬다.

완성하기
1 미니 통밀빵을 반 가른 다음 안쪽 면에 볶은 참깨 마요네즈를 8g씩 펴 바른다.
   tip ▶ 빵은 사선으로 자른다. 속재료가 많을 경우 바깥으로 튀어나올 수 있으니 속을 조금 떼어내는 것이 좋은데, 이때 너무 많이 떼어내면 폭신한 식감을 낼 수 없으므로 주의한다.
2 ①의 아래쪽 미니 통밀빵 위에 크리스피아노, 토마토 슬라이스를 얹는다.
3 데리야키 치킨, 볶은 양파 슬라이스를 올린다. 양파 슬라이스는 팬에 넣고 소금을 뿌린 뒤 너무 무르지 않을 정도로만 볶아서 사용한다.
4 이자벨, 체더 슬라이스 치즈를 잘라 올리고 ①의 위쪽 미니 통밀빵을 덮는다.

↘ 볶음 참깨 마요네즈

↘ 포장하기

CIABATTA
치아바타 · 바게트 · 베이글

BAGUETTE

BAGEL

· Ciabatta ·
APPLE & BRIE SANDWICH
애플 브리치즈 치아바타

은은한 계피 향과 아삭한 사과, 부드러운 브리치즈와 염장한 프로슈토가 만나 달달함과 짭조름함이 조화를 이루는 샌드위치. 쉽게 갈변해 설탕물이나 레몬즙에 전처리해야 하는 생사과 대신 사과 조림을 써서 갈변 위험도 없고 아삭한 식감까지 살렸다.

INGREDIENTS
샌드위치 구성

치아바타 [1/2개]
크림치즈 마요네즈 [10g]
▼
프로슈토 [1장]
루콜라 [15g]
브리치즈 [1/3개]
아몬드(구운 것) [10g]
사과 조림 [70g]
▲
크림치즈 마요네즈 [10g]
치아바타 [1/2개]

HOW TO MAKE
샌드위치 만들기

사과 조림
사과 1개, 설탕 20g, 꿀 10g, 버터 10g, 계핏가루 약간

1 깨끗이 씻은 사과는 반으로 잘라 씨를 제거하고 0.3㎝ 두께로 슬라이스한다.
2 팬에 버터를 넣고 녹인 후 ①의 사과를 넣어 버터를 입힌다.
3 설탕, 꿀을 넣고 끓인 다음 계핏가루를 넣고 섞는다.
4 불에서 내려 식힌다.
   tip 사과의 아삭함이 남아야 하므로 너무 오래 끓이지 않도록 주의한다.

크림치즈 마요네즈
크림치즈 30g, 마요네즈 10g, 레몬즙 5g

1 볼에 크림치즈를 넣고 부드럽게 푼 다음 마요네즈, 레몬즙을 넣고 섞는다.

완성하기
1 치아바타를 가로로 반 가른 다음 안쪽 면에 크림치즈 마요네즈를 10g씩 펴 바른다.
2 ①의 아래쪽 치아바타 위에 사과 조림을 놓는다.
3 아몬드를 올린다. 아몬드는 150℃ 오븐에서 10분 동안 구워 3조각으로 잘라 사용하거나 슬라이스 아몬드로 대체해 사용한다.
4 슬라이스한 브리치즈, 루콜라, 프로슈토를 차례대로 올린다.
5 ①의 위쪽 치아바타를 덮는다.

크림치즈 마요네즈

포장하기

· Ciabatta ·
SPICY CHICKEN CIABATTA
매콤 치킨 치아바타

매콤달콤한 토마토 살사로 혀끝의 감각을 자극하는 치아바타 샌드위치. 매운맛으로 시작해 상쾌하게 마무리하기 위해 토마토 살사에 고추장을 더한 새로운 조합을 선보였다.

INGREDIENTS
샌드위치 구성

치아바타 [1/2개]
마요네즈 [7.5g]
▼
체더 슬라이스 치즈 [1장]
매운 닭가슴살 필링 [80g]
토마토 슬라이스 [1개]
크리스피아노 [15g]
카이피라 [15g]
로메인 [10g]
▲
마요네즈 [7.5g]
치아바타 [1/2개]

HOW TO MAKE
샌드위치 만들기

토마토 살사소스
양파 25g, 마늘 6g, 청피망 30g, 소금 약간, 설탕 약간, 후추 약간,
고추장 10g, 토마토 케첩 50g

1 양파는 0.3cm, 마늘은 0.2cm, 청피망은 0.3cm 굵기로 다진다.
2 팬 또는 냄비에 ①의 모든 재료, 소금, 설탕, 후추, 고추장을 넣고 끓이다가 토마토 케첩을 넣고 섞은 후 식힌다.

매운 닭가슴살 필링
닭가슴살 120g, 매운 고춧가루 20g, 올리브오일 30g
소금 약간, 후추 약간, 토마토 살사소스 40g

1 닭가슴살은 힘줄을 제거하고 깨끗이 씻은 다음 매운 고춧가루, 올리브오일, 소금, 후추를 넣고 30분 동안 재운다.
2 기름을 두른 팬에 ①을 넣고 익힌 후 잘게 찢는다.
3 볼에 ②를 담은 다음 토마토 살사를 넣고 섞는다.

완성하기
1 치아바타를 가로로 반 가른 다음 안쪽 면에 마요네즈를 7.5g씩 펴 바른다.
2 ①의 아래쪽 치아바타 위에 로메인, 카이피라, 크리스피아노를 얹는다.
3 토마토 슬라이스, 매운 닭가슴살 필링, 체더 슬라이스 치즈를 차례대로 올린다.
4 ①의 위쪽 치아바타를 덮는다.

↘ 토마토 살사소스　　↘ 포장하기

· Ciabatta ·

CAPRESE CIABATTA
카프레제 치아바타

카프레제는 토마토, 생모차렐라치즈에 바질 잎을 곁들인 이탈리아식 샐러드이다.
신선한 토마토와 생모차렐라 사이로 퍼지는 바질 향이 일품인 카프레제 치아바타는 생생한 색감도 매력적이다.

INGREDIENTS
샌드위치 구성

치아바타 [1/2개]
올리브오일 [5g]
바질페스토(시판용) [10g]
▼
루콜라 [10g]
발사믹 글레이즈 [10g]
바질 잎 [2g]
토마토 슬라이스 [3개]
생모차렐라치즈(0.5㎝ 두께로 슬라이스한 것) [2장]
로메인 [20g]
▲
바질페스토(시판용) [10g]
올리브오일 [5g]
치아바타 [1/2개]

HOW TO MAKE
샌드위치 만들기

완성하기

1. 치아바타를 가로로 반 가른 다음 치아바타의 안쪽 면에 올리브오일, 바질페스토를 각각 5g, 10g 씩 펴 바른다.
2. ①의 아래쪽 치아바타 위에 로메인을 얹는다.
3. 생모차렐라치즈, 토마토 슬라이스를 하나씩 번갈아 놓는다.
   생모차렐라치즈는 소금, 후추로 간해서 사용한다.
   tip 생모차렐라치즈를 사용하면 치즈의 신선한 향과 부드러운 식감을 즐길 수 있다. 반면 냉동 제품은 슬라이스 형태로 판매하므로 간편하게 사용할 수 있고 생모차렐라치즈에 비해 유통기한이 길다는 장점이 있다. 단, 한 번 해동한 제품은 다시 냉동하지 않도록 한다.
4. 바질 잎을 잘라서 올리고 발사믹 글레이즈를 뿌린다.
5. 루콜라를 올리고 위쪽 치아바타를 덮는다.
6. 200℃의 파니니 그릴에서 치즈가 녹을 때까지 굽는다.
   tip 포장해 두었다가 주문이 들어오면 파니니 그릴에 즉석에서 구워 낸다.

↘ 바질페스토

↘ 포장하기

Focaccia

AVOCADO FOCACCIA
아보카도 포카치아

포카치아는 이탈리아의 대표적인 플랫 브레드로, 밀가루와 이스트로 반죽을 만들어 납작하게 구운 빵이다.
포카치아에 영양분이 풍부한 아보카도와 토마토를 추가해 신선한 맛을 살렸다.

INGREDIENTS
샌드위치 구성

포카치아 [1장]
크림치즈 마요네즈 [15g]
▼
체더 슬라이스 치즈 [1장]
로메인 [10g]
이자벨 [30g]
구운 베이컨 [3장]
토마토 슬라이스 [1개]
아보카도 [1/2개]
▲
크림치즈 마요네즈 [15g]
포카치아 [1장]

HOW TO MAKE
샌드위치 만들기

크림치즈 마요네즈
크림치즈 30g, 마요네즈 10g, 레몬즙 5g
1 볼에 크림치즈를 넣고 부드럽게 푼 다음 마요네즈, 레몬즙을 넣고 섞는다.

완성하기
1 포카치아 안쪽 면에 크림치즈 마요네즈를 15g씩 펴 바른다.
2 ①의 포카치아 1장 위에 아보카도를 올린다. 아보카도는 0.3㎝ 두께로 슬라이스해 소금, 후추로 간해 사용한다.
3 토마토 슬라이스, 구운 베이컨을 올린다.
4 이자벨, 로메인, 체더 슬라이스 치즈를 차례대로 올린다.
5 ①의 나머지 포카치아 1장을 덮는다.

↳ 크림치즈 마요네즈

↳ 포장하기

· Baguette ·
JAMBON BEURRE
잠봉 뵈르

'잠봉(Jambon)'은 얇게 저민 햄을, '뵈르(Beurre)'는 버터를 뜻한다. 말 그대로 얇게 저민 햄과 버터를 바게트에 채워 넣은 샌드위치. 부드러운 버터, 고소한 바게트, 짭짤한 햄이 삼박자를 이루어 푸짐한 맛을 선사한다.

INGREDIENTS
샌드위치 구성

바게트(18cm 길이) [1/2개]
통피클 슬라이스 [15g]
▼
버터 [50g]
잠봉 [1장]
▲
피클 마요네즈 [15g]
바게트(18cm 길이) [1/2개]

HOW TO MAKE
샌드위치 만들기

피클 마요네즈
오이피클 30g, 마요네즈 50g, 홀그레인 머스터드 20g
1 오이피클은 0.2cm 두께로 깍둑썰기한다.
2 볼에 ①의 오이피클, 마요네즈, 홀그레인 머스터드를 넣고 섞는다.

완성하기
1 바게트는 가로로 반 가른 다음 아래쪽 바게트 위에 피클 마요네즈를 15g 바른다.
2 ①의 아래쪽 바게트 위에 잠봉을 접어서 얹는다.
   tip 잠봉은 존쿡 델리미트나 프랑스 구르메 잠봉 드 파리슬라이스 햄을 사용하면 된다.
3 0.5cm 두께로 자른 버터, 0.2cm 두께로 자른 통피클을 차례대로 올리고 위쪽 바게트를 덮는다.
   tip 잠봉 뵈르는 통으로 포장해도 되지만, 먹기 편한 크기로 잘라 포장해도 좋다. 통으로 포장하는 매장에서는 고객이 제품을 잘라 달라고 요청하는 경우가 종종 있다.

이렇게 해보세요 ▶ 샌드위치를 만들 때 버터를 사용하는 방법

방법 1 부드러운 상태로 만들어서 스프레드 형태로 바르기
방법 2 긴 면을 따라 잘라 한 덩어리로 올리기
방법 3 먹기 좋은 크기로 잘라서 올리기

↳ 피클 마요네즈   ↳ 포장하기

· Banh mi Baguette ·

SHRIMP & AVOCADO LEMON CREAM CHEESE
새우 & 아보카도 레몬 크림치즈 바게트

새우와 아보카도가 만나 부드럽고 담백한 맛과 풍부한 영양까지 갖췄다.
상큼한 레몬 크림치즈 소스를 얹어 다소 심심할 수 있는 맛에 포인트를 주었다.

INGREDIENTS
샌드위치 구성

반미 바게트(16cm 길이) [1/2개]
레몬 크림치즈 [15g]
▼
새우 전처리 [40g]
아보카도 [1/2개]
토마토 슬라이스 [4개]
크리스피아노 [25g]
▲
레몬 크림치즈 [15g]
반미 바게트(16cm 길이) [1/2개]

HOW TO MAKE
샌드위치 만들기

레몬 크림치즈
크림치즈 30g, 마요네즈 10g, 레몬 제스트 5g, 레몬즙 10g

1 볼에 부드럽게 푼 크림치즈, 마요네즈, 레몬 제스트, 레몬즙을 넣고 섞는다.
   tip 크림치즈는 사용하기 전에 미리 냉장고에서 꺼내놓고 냉기를 없애야 부드럽게 풀기 쉽다.

새우 전처리
새우(냉동) 80g, 소금 약간, 후추 약간, 올리브오일 약간, 파슬리가루 약간

1 해동한 새우에 소금, 후추, 올리브오일을 뿌리고 팬에 익힌 다음 파슬리가루를 뿌린다.
   tip 새우가 주홍빛을 띠면 익은 것이다. 너무 많이 익혀서 살이 부서지지 않도록 주의한다.

완성하기
1 반미 바게트를 가로로 반 가른 다음 안쪽 면에 레몬 크림치즈를 각각 15g씩 펴 바른다.
   tip 빵이 두껍고 속재료가 많으면 빵의 속을 살짝 떼어내야 속재료를 안정적으로 놓을 수 있다.
   이때 너무 많이 떼어내면 폭신한 식감을 낼 수 없으므로 주의한다.
2 ①의 아래쪽 반미 바게트 위에 크리스피아노를 얹는다.
3 토마토 슬라이스, 아보카도를 올린다. 아보카도는 0.3cm 두께로 슬라이스해 소금, 후추로 간해 사용한다.
4 새우를 올리고 ①의 위쪽 반미 바게트를 덮는다.
   tip 새우가 들어가는 제품은 매장에서 진열해 판매할 때 반드시 알레르기 식품임을 표기하도록 한다.

ㄴ 레몬 크림치즈

ㄴ 포장하기

· Baguette ·
PASTRAMI BAGUETTE
파스트라미 바게트

파스트라미를 보면 뉴욕 맨해튼의 카츠 델리(Katz's Delicatessen)에서 먹은 샌드위치가 떠오른다.
밀려드는 주문에 즉석에서 엄청난 양의 파스트라미를 써느라 언제나 분주했던 키친,
통으로 된 오이피클과 함께 나오는 파스트라미 샌드위치의 부드럽고 고소한 맛을 잊을 수가 없다.

INGREDIENTS
샌드위치 구성

소프트 바게트 [1/2개]
호스래디시 크림치즈 [12g]
▼
체더 슬라이스 치즈 [1장]
파스트라미 [1장]
토마토 슬라이스 [3개]
카이피라 [15g]
로메인 [10g]
▲
호스래디시 크림치즈 [12g]
소프트 바게트 [1/2개]

HOW TO MAKE
샌드위치 만들기

호스래디시 크림치즈
크림치즈 30g, 호스래디시(시판용) 10g, 마요네즈 20g
1 볼에 부드럽게 푼 크림치즈, 호스래디시, 마요네즈를 넣고 섞는다.

완성하기
1 소프트 바게트를 가로로 반 가른 다음 안쪽 면에 호스래디시 크림치즈를 12g씩 펴 바른다.
2 ①의 아래쪽 소프트 바게트 위에 로메인, 카이피라를 얹는다.
3 토마토 슬라이스, 파스트라미, 4등분한 체더 슬라이스 치즈를 차례대로 올린다.
4 ①의 위쪽 소프트 바게트를 덮는다.

↖ 호스래디시 크림치즈

↖ 포장하기

· Campagne ·
HAM & CHEESE CAMPAGNE
햄 치즈 캉파뉴

'시골빵'이라는 뜻의 캉파뉴는 밀가루에 통밀을 섞어 만든 기본 빵인데 캉파뉴와 가장 기본이 되는 재료인 햄, 치즈를 조합한 샌드위치로 누구나 쉽게 만들 수 있다. 이 레시피에서는 돼지고기 등심으로 담백하게 만든 로인햄을 사용했다.

INGREDIENTS
샌드위치 구성

캉파뉴 [1장]
(1.5㎝ 두께로 슬라이스한 것)
홀그레인 마요네즈 [10g]
▼
루콜라 [10g]
체더 슬라이스 치즈 [1장]
양파 슬라이스 [10g]
로인햄 [3장]
토마토 슬라이스(반원형) [3개]
이자벨 [20g]
카이피라 [10g]
로메인 [10g]
▲
홀그레인 마요네즈 [10g]
캉파뉴 [1장]
(1.5㎝ 두께로 슬라이스한 것)

HOW TO MAKE
샌드위치 만들기

홀그레인 마요네즈
마요네즈 60g, 홀그레인 머스터드 10g, 연겨자 5g
1 볼에 모든 재료를 넣고 섞는다.

완성하기
1 캉파뉴를 구워 안쪽 면에 홀그레인 마요네즈를 10g씩 펴 바른다.
   tip 캉파뉴는 길이 20㎝, 두께 12㎝정도 크기의 것을 사용했다.
2 ①의 캉파뉴 1장 위에 로메인, 카이피라, 이자벨을 얹는다.
3 토마토 슬라이스를 올리고 로인햄을 접어서 놓는다.
4 양파 슬라이스, 체더 슬라이스 치즈, 루콜라를 차례대로 올린다.
   tip 양파 0.3㎝로 두께로 슬라이스해 물에 담가 매운 맛을 없앤 다음 물기를 제거해 사용한다.
5 ①의 나머지 캉파뉴 1장을 덮는다.

↘ 홀그레인 마요네즈

↘ 포장하기

· Bagel ·
HAM & CHEESE BAGEL
햄 치즈 베이글

담백한 어니언 베이글에 짭조름한 고다치즈와 햄을 넣은 클래식한 아침 식사용 베이글 샌드위치이다.
잘게 다진 양파를 곁들인 머스터드 소스를 추가했다.

INGREDIENTS
샌드위치 구성

어니언 베이글 [1/2개]
어니언 머스터드 [10g]

고다치즈 1장
린햄 2장
토마토 슬라이스 1개
이자벨 35g
로메인 10g

어니언 머스터드 [10g]
어니언 베이글 [1/2개]

HOW TO MAKE
샌드위치 만들기

어니언 머스터드
양파 20g, 마요네즈 30g, 디종 머스터드 10g

1 양파는 0.2㎝ 크기로 잘게 깍둑썰기해 팬에 넣고 살짝 익힌 다음 식힌다.
2 볼에 ①, 마요네즈, 디종 머스터드를 넣고 섞는다.

완성하기

1 어니언 베이글을 가로로 반 갈라 구운 다음 안쪽 면에 어니언 머스터드를 10g씩 펴 바른다.
2 ①의 아래쪽 어니언 베이글 위에 로메인, 이자벨을 얹는다.
3 토마토 슬라이스를 올리고 린햄을 접어 놓는다.
  tip 린햄은 프레스햄의 일종이다.
4 고다치즈를 올리고 ①의 위쪽 어니언 베이글을 덮는다.

↳ 어니언 머스터드

↳ 포장하기

· Bagel ·
TUNA BAGEL
참치 베이글

기름을 뺀 참치에 고소한 마요네즈를 버무린 다음 오이와 파프리카를 추가해 아삭한 식감을 더했다.
새콤달콤한 망고 소스가 참치의 비린 맛을 없애준다.

INGREDIENTS
샌드위치 구성

플레인 베이글 [1/2개]
마요네즈 [4g]
망고 소스 [10g]
▼
고다치즈 [1장]
빨간 파프리카 슬라이스 [1개]
오이 슬라이스 [3개]
토마토 슬라이스 [1개]
참치 필링 [70g]
양상추 [30g]
로메인 [10g]
▲
망고 소스 [10g]
마요네즈 [4g]
플레인 베이글 [1/2개]

HOW TO MAKE
샌드위치 만들기

참치 필링
캔참치 100g, 마요네즈 30g, 후추 약간, 설탕 5g, 레몬즙 10g

1 캔참치를 체에 받쳐 기름을 뺀다.
2 볼에 ①, 마요네즈, 후추, 설탕, 레몬즙을 넣고 버무린다.

망고 소스
망고(냉동) 100g, 생강청 20g, 설탕 30g, 환만식초(쌀을 발효해서 만든 식초) 20g
소금 약간, 후추 약간

1 냄비에 망고, 생강청을 넣고 한소끔 끓인다.
2 설탕, 환만식초, 소금, 후추를 넣고 농도가 걸쭉해질 때까지 약불에서 끓인 다음 식힌다.
   tip 생강청은 시판용을 사용해도 좋고, 껍질을 벗긴 생강과 설탕을 1:1의 비율로 섞어 함께 간 다음
   재워두었다가 사용해도 된다.

완성하기

1 플레인 베이글을 가로로 반 가른 다음 각 안쪽 면에 마요네즈, 망고 소스를
  각각 4g, 10g씩 펴 바른다.
2 ①의 아래쪽 플레인 베이글 위에 로메인, 양상추를 얹고 참치 필링을 올린다.
3 토마토 슬라이스, 오이 슬라이스, 빨간 파프리카 슬라이스를 차례대로 올린다.
4 고다치즈를 올리고 ①의 위쪽 플레인 베이글을 덮는다.

↘ 참치 필링

↘ 포장하기

· Bagel ·
SMOKED SALMON BAGEL
훈제연어 베이글

훈제연어에 케이퍼를 올리고 플레인 요거트를 넣어 만든 랜치 크림치즈를 더한 베이글 샌드위치.
랜치 소스는 마요네즈처럼 기름을 유화시킨 소스를 베이스로 한 드레싱으로, 요거트 대신 사워크림을 사용하기도 하고
양파, 마늘, 소금, 허브류 또는 향신료를 섞어 만든다.

INGREDIENTS
샌드위치 구성

통밀 베이글 [1/2개]
랜치 크림치즈 [10g]
▼
적양파 슬라이스 [5g]
오이 슬라이스 [3개]
케이퍼 [5알]
훈제연어 [40g]
토마토 슬라이스 [1개]
카이피라 [20g]
양상추 [10g]
로메인 [10g]
▲
랜치 크림치즈 [10g]
통밀 베이글 [1/2개]

HOW TO MAKE
샌드위치 만들기

랜치 크림치즈
양파 25g, 크림치즈 80g, 마요네즈 10g, 플레인 요거트 10g, 꿀 20g, 레몬즙 10g

1 양파는 0.2㎝ 크기로 잘게 다진다.
2 볼에 ①, 크림치즈, 마요네즈, 플레인 요거트, 꿀, 레몬즙을 넣고 섞는다.

완성하기

1 통밀 베이글을 가로로 반 갈라 안쪽 면을 구운 다음 랜치 크림치즈를 10g씩 각각 펴 바른다.
2 ①의 아래쪽 통밀 베이글 위에 로메인, 양상추, 카이피라, 토마토 슬라이스를 얹는다.
3 훈제연어를 접어서 놓고 케이퍼를 올린다.
4 오이 슬라이스, 적양파 슬라이스를 올린다.
5 ①의 위쪽 통밀 베이글을 덮는다.

↳ 랜치 크림치즈

↳ 포장하기

· *Bagel* ·
BERRY & NUT JAM BAGEL
베리잼 & 고소한 견과류잼 베이글

산딸기와 블루베리를 넣어 만든 부드러운 잼에 고소한 땅콩과 다크초콜릿을 넣은 스프레드를 바른 샌드위치.
커피와 함께 가벼운 아침 식사로 즐기기 좋은 메뉴다.

INGREDIENTS
샌드위치 구성

블루베리 베이글 [1/2개]
베리잼 [10g]
고소한 견과류잼 [10g]
▼
아몬드(구운 것) [3개]
▲
고소한 견과류잼 [10g]
베리잼 [10g]
블루베리 베이글 [1/2개]

HOW TO MAKE
샌드위치 만들기

베리잼
블루베리(냉동) 250g, 산딸기(냉동) 250g, 설탕 180g, 전분 20g
레몬즙 12g, 체리 리큐르(키르슈) 28g
1 냄비에 블루베리, 산딸기, 설탕을 넣고 끓인다.
2 전분을 넣고 끓이다가 레몬즙, 체리 리큐르를 넣고 걸쭉해질 때까지 끓인다.

고소한 견과류잼
땅콩 50g, 아몬드 50g, 물 25g, 설탕 100g, 다크초콜릿 20g, 포도씨유 20g
1 땅콩과 아몬드는 150℃ 오븐에서 15~20분 동안 굽는다.
2 냄비에 물, 설탕을 넣고 180℃까지 끓여 캐러멜라이즈한 다음 ①을 넣는다.
3 실리콘패드에 펼쳐 식혀 조각낸 후 블렌더로 곱게 간다.
4 불에 ③, 다크초콜릿을 넣고 중탕으로 50℃까지 녹인 다음 포도씨유를 넣고
  26~27℃까지 온도를 낮춰 부드럽게 윤기가 흐르고 걸쭉해질 때까지 잘 저어준다.

완성하기
1 블루베리 베이글을 가로로 반을 가른 다음 안쪽 면을 굽고
  베리잼, 고소한 견과류잼을 각각 10g씩 펴 바른다.
2 ①의 아래쪽 블루베리 베이글 위에 아몬드를 올린다. 아몬드는 3~4등분해 사용한다.
3 ①의 위쪽 블루베리 베이글을 덮는다.

↳ 베리잼

↳ 포장하기

CROISSANT
크루아상 · 롤빵 · 잉글리시 머핀

BREAD ROLL

ENGLISH MUFFIN

· Croissant ·

EGG & CRAB CROISSANT
에그 & 게맛살 크루아상

매콤한 소스에 버무린 부드러운 게맛살, 아삭하게 씹히는 오이,
담백한 달걀로 속을 가득 채운 크루아상 샌드위치.

INGREDIENTS
샌드위치 구성

크루아상 [1/2개]
디종 마요네즈 [5g]
▼
삶은 달걀 [1개]
토마토 슬라이스 [1개]
오이 슬라이스 [3개]
게맛살 필링 [40g]
크리스피아노 [15g]
▲
디종 마요네즈 [5g]
크루아상 [1/2개]

HOW TO MAKE
샌드위치 만들기

디종 마요네즈
마요네즈 30g, 디종 머스터드 10g
1 볼에 마요네즈, 디종 머스터드를 넣고 섞는다.

게맛살 필링
게맛살 5개, 스리라차소스 5g, 칠리소스 3g, 마요네즈 10g, 레몬주스 3g,
할라페뇨 10g, 스위트 오이피클 10g
1 볼에 모든 재료를 넣고 버무린다. 게맛살은 잘게 찢어 사용한다.
   tip 게맛살은 크래미를 사용했다.
   tip 스리라차소스와 칠리소스가 시판용 게맛살에서 나는 특유의 비릿한 향을 없애준다.

완성하기
1 크루아상의 1/3 높이에서 가로로 반 가른 다음 안쪽 면에 디종 마요네즈를 5g씩 펴 바른다.
   tip 사선으로 자르면 속재료가 아래로 밀려 내려가므로 안쪽 면을 평평하게 잘라야 한다.
2 ①의 아래쪽 크루아상 위에 크리스피아노를 보기 좋게 얹는다.
   tip 크리스피아노를 놓을 때는 레이스처럼 생긴 잎 부분이 가지런하도록 신경 쓴다.
        빵 안쪽으로 들어가 가려지거나 바깥으로 너무 많이 튀어나오지 않아야 예쁘게 보인다.
3 게맛살 필링, 오이 슬라이스, 토마토 슬라이스, 삶은 달걀을 차례대로 올린다.
   tip 오이는 0.3cm, 토마토 0.5cm로 슬라이스해 소금, 후추로 간한 다음 물기를 제거한다.
   tip 삶은 달걀은 에그 커터기로 잘라 소금, 후추 간한다.
4 ①의 위쪽 크루아상을 덮는다.

↘ 디종 마요네즈

↘ 포장하기

· Croissant ·
B.L.T. CROISSANT
B.L.T. 크루아상

B.L.T. 샌드위치는 베이컨, 잎채소, 토마토를 이용한 기본적인 조합으로 누구에게나 사랑받는 메뉴이다.
흔히 사용하는 식빵 대신 겉은 바삭하고 속은 부드러운 크루아상을 사용해 보다 고급스러운 느낌을 더했다.

INGREDIENTS
샌드위치 구성

미니 크루아상 [1/2개]
옐로 디종 마요네즈 [2g]
▼
체더 슬라이스 치즈 [1/4개]
토마토 슬라이스(반원형) [1개]
오이피클 슬라이스 [1개]
구운 베이컨 [1/2장]
크리스피아노 [5g]
▲
옐로 디종 마요네즈 [2g]
미니 크루아상 [1/2개]

HOW TO MAKE
샌드위치 만들기

옐로 디종 마요네즈
마요네즈 50g, 디종 머스터드 10g, 옐로 머스터드 5g
1 볼에 마요네즈, 디종 머스터드, 옐로 머스터드를 넣고 섞는다.

완성하기
1 미니 크루아상을 가로로 반 가른 다음 안쪽 면에 옐로 디종 마요네즈를 2g씩 펴 바른다.
2 ①의 아래쪽 미니 크루아상 위에 크리스피아노를 얹고 구운 베이컨을 올린다.
   베이컨은 180℃ 오븐에서 살짝 바삭한 상태가 될 때까지 굽는다.
   > tip 베이컨에 기름이 많을 경우 샌드위치에서 비린내가 날 수 있으므로 기름이 어느 정도
   >   빠질 정도로만 바삭하게 굽는다. 반대로 기름을 너무 빼면 부서질 위험이 있다.
3 오이피클 슬라이스, 토마토 슬라이스, 체더 슬라이스 치즈를 차례대로 올린다.
   > tip 통오이피클은 0.3㎝ 두께로 길게 슬라이스하고, 토마토는 0.5㎝로 슬라이스해
   >   소금, 후추로 간한 다음 물기를 제거한다.
4 ①의 위쪽 미니 크루아상을 덮는다.

이렇게 해보세요 ▶ 미니 크루아상 샌드위치 포장 방법

미니 크루아상 샌드위치는 3~4개를 하나로 포장해 판매하기도 하지만,
1개씩 고깔 모양으로 예쁘게 포장해 판매하는 방법도 있다.

↳ 옐로 디종 마요네즈   ↳ 포장하기

· *Croissant* ·
COLESLAW DANISH SANDWICH
코울슬로 데니시 페이스트리

요즘 프랜차이즈 매장에서는 제품의 칼로리를 표시하는 게 일반적이다. 그 때문에 데니시 페이스트리의 경우, 칼로리가 너무 높아 인기가 사그라들지 않을까 걱정을 많이 했었던 기억이 있다. 그러나 걱정이 무색할 정도로 데니시 페이스트리 샌드위치를 찾는 소비자가 여전히 많다. 그만큼 맛이 좋은 메뉴란 이야기이다.

INGREDIENTS
샌드위치 구성

이자벨 [10g]
코울슬로 [70g]
로메인 [10g]
▲
마요네즈 [10g]
데니시 페이스트리 [1개]
(8×16㎝ 크기의 직사각형)

HOW TO MAKE
샌드위치 만들기

코울슬로
양배추 50g, 적채 10g, 삶은 달걀 1개, 햄 20g, 오이피클 20g, 건크랜베리 20g, 감자 30g, 마요네즈 60g, 볶은 콩가루 20g, 설탕 15g, 소금 약간, 후추 약간

1 양배추, 적채는 일정한 두께로 채 썰어 세척한 다음 물기를 제거한다.
2 삶은 달걀은 잘게 다진다.
3 햄은 0.5㎝ 크기로 썬다.
4 오이피클은 0.3㎝ 크기로 자른다.
5 건크랜베리를 반으로 자른다.
6 껍질을 벗긴 감자는 전자레인지에서 7분 동안 익혀 으깬 다음 식힌다.
   tip 껍질이 있는 감자는 전자레인지 안에서 터질 수 있다.
7 볼에 ①~⑥의 모든 재료, 마요네즈, 볶은 콩가루, 설탕, 소금, 후추를 넣고 버무린다.
   tip 시간이 지나면 삼투압 현상 때문에 채소에서 수분이 나와 빵이 축축해진다. 이를 보완하기 위해 볶은 콩가루와 삶은 감자를 넣어 수분을 어느 정도 흡수하도록 했다.

완성하기
1 데니시 페이스트리를 반으로 갈라 길게 펼친 다음 안쪽 면에 마요네즈를 펴 바른다.
2 ① 위에 로메인, 코울슬로, 이자벨을 차례대로 올리고 돌돌 만다.

↳ 마요네즈

↳ 포장하기

·Croissant·
FRUIT CROFFLE
과일 크로플

최근 들어 크루아상 반죽을 와플 기계에 넣어 모양을 낸 크로플이 인기다. 생크림이나 메이플 시럽, 과일을 곁들이거나 아이스크림을 얹고 콩가루를 뿌리는 식으로 다양하게 변주를 주는 곳도 많다. 이 레시피에서는 샹티이 크림과 블루베리, 산딸기로 장식했다.

INGREDIENTS
샌드위치 구성

애플민트 적당량
데코스노우 적당량
메이플 시럽 적당량
딸기 적당량
산딸기 적당량
블루베리 적당량
샹티이 크림 50g
▲
크루아상 냉동 반죽 3개

HOW TO MAKE
샌드위치 만들기

샹티이 크림
생크림 100g, 설탕 15g, 체리 리큐르(키르슈) 2g
1 볼에 생크림, 설탕, 체리 리큐르를 넣고 부드러운 크림 상태가 될 때까지 거품기로 휘핑한다.

완성하기
1 오븐팬에 크루아상 반죽을 놓고 실온에서 해동한다.
2 온도 29~30℃, 습도 75% 발효실에서 40분 동안 2차 발효시킨다.
  tip▶ 발효실의 온도와 습도가 너무 높으면 유지가 녹아 나올 수 있으므로 주의한다.
3 반죽의 크기가 2.5배 정도 커지면 와플 기계에 넣고 굽는다.
  tip▶ 반죽을 충분히 발효시키지 않고 구우면 속의 결이 익지 않는다.
    발효실이 없는 경우 2차 발효까지 완료된 시판용 크루아상 냉동 반죽을 사용한다.
4 ③의 크루아상 위에 샹티이 크림을 예쁘게 짠다.
5 블루베리, 산딸기, 딸기를 올리고 메이플 시럽, 데코스노우(혹은 슈거파우더)로 장식한다.

↖ 메이플 시럽

Bread Roll
MINI PORK CUTLET BREAD ROLL
미니 돈가스 모닝롤

간편하게 먹기 좋은 미니 돈가스 샌드위치.
돈가스 소스에 어울리는 고소한 참깨 소스를 가미했다.

INGREDIENTS
샌드위치 구성

돈가스 소스(시판용) [적당량]
미니 돈가스 [2개]
토마토 슬라이스 [1개]
크리스피아노 [5g]
▲
참깨 마요네즈 [5g]
모닝롤 [1개]

HOW TO MAKE
샌드위치 만들기

참깨 마요네즈
볶은 참깨가루 20g, 마요네즈 40g, 땅콩 분태 10g
1 볼에 볶은 참깨가루, 마요네즈, 땅콩 분태를 넣고 섞는다.
  땅콩 분태는 팬에 기름 없이 굽거나 180℃ 오븐에서 5분 동안 구워 사용한다.

미니 돈가스
돼지고기 안심 100g, 소금 약간, 후추 약간, 달걀 1개, 밀가루 40g, 빵가루 50g
1 돼지고기 안심을 5㎝ 크기로 자르고 소금, 후추로 간한다.
2 달걀은 거품기로 풀어 알끈을 제거한다.
3 ①에 밀가루, ②, 빵가루를 차례대로 묻힌다.
4 180℃ 식용유에 넣어 바삭하게 튀긴다.
  tip ▶ 미니 돈가스는 시판용 제품을 사용해도 된다.

완성하기
1 모닝롤의 가운데 부분에 가로로 칼집을 낸 다음 안쪽 면에 참깨 마요네즈를 펴 바른다.
2 ①의 아래쪽 미니롤 위에 크리스피아노, 토마토 슬라이스를 얹는다.
  tip ▶ 토마토는 소금, 후추로 간하고 물기를 제거한 다음 사용한다.
3 돈가스 소스를 바른 미니 돈가스를 올린다.

> **이렇게 해보세요** ▶ 미니롤 샌드위치 포장 방법(p.54 고깔모양 개별포장 참고)

미니롤 샌드위치는 하나씩 개별 포장해 판매해도 좋다.
여학생이 많이 찾는 지점에서 근무할 당시, 고깔 모양으로 하나씩 포장해 판매율을 크게 높인 적이 있다.
주요 고객층을 파악해 포장법을 달리 하는 것도 매출을 늘리는 좋은 방법이다.

↘ 참깨 마요네즈   ↘ 포장하기

· Bread Roll ·
SPICY CHICKEN BREAD ROLL
매콤 치킨 모닝롤

칠리소스를 곁들인 닭고기가 일품인 모닝롤 샌드위치.
매운 맛을 좋아하는 사람들에게 인기가 좋은 샌드위치다.

INGREDIENTS
샌드위치 구성

체더 슬라이스 치즈 [1/4장]
매콤 치킨 필링 [30g]
토마토 슬라이스 [1개]
카이피라 [5g]
▲
칠리 마요네즈 [5g]
모닝롤 [1개]

HOW TO MAKE
샌드위치 만들기

매콤 치킨 필링

닭가슴살 130g, 소금 약간, 후추 약간, 매운 고춧가루 20g, 올리브오일 20g,
마요네즈 60g, 땅콩 분태 30g

1 볼에 닭가슴살, 소금, 후추, 매운 고춧가루, 올리브오일을 넣고 30분 정도 재운다.
2 170℃ 오븐에서 15분 동안 굽거나 팬에 기름을 살짝 두르고 익힌다.
3 완전히 식힌 다음 마요네즈, 땅콩 분태를 넣고 버무린다. 땅콩 분태는 팬에 볶아 사용한다.

칠리 마요네즈

스위트 칠리소스 30g, 마요네즈 20g, 꿀 5g

1 볼에 스위트 칠리소스, 마요네즈, 꿀을 넣고 섞는다.

완성하기

1 모닝롤의 가운데 부분에 가로로 칼집을 낸 다음 안쪽 면에 칠리 마요네즈를 펴 바른다.
2 ①의 아래쪽 모닝롤에 로메인을 보기 좋게 얹는다.
3 토마토 슬라이스, 매콤 치킨 필링, 체더 슬라이스 치즈를 올린다.
  tip 토마토는 0.5cm로 슬라이스해 소금, 후추로 간한 뒤 물기를 제거한다.
  tip 모닝롤을 이용한 샌드위치는 포장법에 따라 자르는 방법이 2가지로 나뉜다.
    ① 케이스에 2~3개 담을 경우 빵을 가로로 반 갈라 속재료를 넣는다.
      속재료와 빵의 크기가 비슷한 두께로 보이도록 하는 방법이다.
    ② 단품으로 판매할 경우 사선으로 가른다. 속재료가 잘 보이도록 하고
      아기자기하게 포장할 수 있는 방법이다.

↙ 참깨 마요네즈

↙ 포장하기

· *Bread Roll* ·

PUMPKIN & SWEET POTATO LIME BREAD ROLL
단호박 고구마 라임 모닝롤

상큼한 라임 향이 감도는 타르타르 소스에 달달한 단호박 고구마 샐러드를 추가했다.
부드러운 필링이 들어가 부담스럽지 않게 먹을 수 있다.

INGREDIENTS
샌드위치 구성

체더 슬라이스 치즈 [1/4장]
단호박 고구마 샐러드 [40g]
크리스피아노 [10g]
▲
라임 타르타르 [10g]
모닝롤 [1개]

HOW TO MAKE
샌드위치 만들기

단호박 고구마 샐러드

단호박 100g, 고구마 60g, 당근 30g, 오이피클 40g, 마요네즈 60g,
소금 약간, 후추 약간, 꿀 20g

1 단호박과 고구마를 찐 다음 뜨거울 때 으깨고 식힌다.
2 당근은 0.8㎝ 두께로 잘라서 끓는 물에 데친 후 소금으로 간한다.
3 오이피클은 잘게 다진다.
4 볼에 ①~③의 모든 재료, 마요네즈, 소금, 후추, 꿀을 넣고 섞는다.

라임 타르타르

양파 30g, 오이피클 30g, 다진 케이퍼 10g, 라임 1개, 마요네즈 40g,
삶은 달걀 1개, 소금 약간, 후추 약간

1 양파, 오이피클, 케이퍼는 잘게 다진다.
2 라임은 껍질째 강판에 갈아서 제스트를 만들고 과육으로 즙을 낸다.
3 삶은 달걀은 잘게 다진다.
4 볼에 ①, ②의 라임 제스트와 라임즙, ③, 마요네즈를 넣고 섞는다.

완성하기

1 모닝롤의 가운데 부분에 가로로 칼집을 낸 다음 안쪽 면에 라임 타르타르를 펴 바른다.
2 ①의 아래쪽 모닝롤 위에 크리스피아노를 얹는다.
3 단호박 고구마 샐러드, 체더 슬라이스 치즈를 올린다.

↳ 라임 타르타르

↳ 포장하기

· English Muffin ·
B.L.T. ENGLISH MUFFIN
B.L.T. 잉글리시 머핀

아침 식사용으로 제격인 잉글리시 머핀의 기본 샌드위치 버전.
신선한 채소와 달걀, 베이컨으로 고루 구성한 만큼 든든하게 즐길 수 있다.

INGREDIENTS
샌드위치 구성

잉글리시 머핀 [1/2개]
홀그레인 마요네즈 [10g]
▼
오이피클 슬라이스 [4개]
구운 베이컨 [2장]
홀그레인 마요네즈 [5g]
삶은 달걀 [1개]
토마토 슬라이스 [1개]
양상추 [15g]
로메인 [10g]
▲
홀그레인 마요네즈 [10g]
잉글리시 머핀 [1/2개]

HOW TO MAKE
샌드위치 만들기

홀그레인 마요네즈
마요네즈 60g, 홀그레인 머스터드 10g, 연겨자 5g
1 볼에 모든 재료를 넣고 섞는다.

완성하기
1 잉글리시 머핀을 가로로 반 가른 다음 안쪽 면에 홀그레인 마요네즈를 각각 10g씩 펴 바른다.
2 ①의 아래쪽 잉글리시 머핀 위에 로메인, 양상추, 토마토 슬라이스, 삶은 달걀을 올린다.
   tip 토마토는 0.5cm로 잘라 소금, 후추로 간한 다음 물기를 제거해 사용한다.
   tip 삶은 달걀은 에그 커터기로 자른 다음 소금, 후추로 간한다.
3 홀그레인 마요네즈 5g을 펴 바르고 구운 베이컨, 오이피클 슬라이스를 올린다.
   tip 베이컨에 기름이 많을 경우 샌드위치에서 비린내가 날 수 있으므로 기름이 어느 정도 빠질 정도까지 바삭하게 굽는다. 기름을 너무 빼면 부서질 수 있으므로 베이컨의 두께에 따라 상태를 확인하며 구워야 한다.
4 ①의 위쪽 잉글리시 머핀을 덮는다.

ㄴ 홀그레인 마요네즈

ㄴ 포장하기

· English Muffin ·
ITALIAN ENGLISH MUFFIN
이탈리안 잉글리시 머핀

토마토, 모차렐라치즈, 구운 채소를 얹어
완성한 이탈리아식 샌드위치. 따뜻한 상태에서 먹으면 더욱 맛이 좋다.

INGREDIENTS
샌드위치 구성

잉글리시 머핀 [1/2개]
홀그레인 머스터드 [5g]
▼
발사믹 글레이즈 [5g]
루콜라 [10g]
모차렐라치즈 슬라이스 [2장]
구운 채소 [50g]
토마토 슬라이스 1개]
▲
홀그레인 머스터드 [5g]
잉글리시 머핀 [1/2개]

HOW TO MAKE
샌드위치 만들기

구운 채소
가지 1/3개, 애호박 1/4개, 새송이버섯 1개, 올리브오일 약간, 소금 약간,
후추 약간, 바질페스토(시판용) 20g

1 가지는 0.4㎝ 두께로 어슷썰기한다.
2 애호박은 0.4㎝ 두께로 슬라이스해 반 자른다.
3 새송이는 0.4㎝ 두께로 슬라이스한다.
4 올리브오일을 두른 팬에 ①~③의 재료를 넣은 다음 소금, 후추로 간하고 익힌다.
5 바질페스토를 넣고 버무린다.

완성하기
1 잉글리시 머핀을 가로로 반 가른 다음 안쪽 면에 홀그레인 머스터드를 각각 5g씩 펴 바른다.
2 ①의 아래쪽 잉글리시 머핀 위에 토마토 슬라이스, 구운 채소, 모차렐라치즈 슬라이스를 올린다.
3 루콜라를 얹고 발사믹 글레이즈를 뿌린다.
4 ①의 위쪽 잉글리시 머핀을 덮는다.

↳ 홀그레인 머스터드

↳ 포장하기

English Muffin
BROCCOLI & APPLE SALAD ENGLISH MUFFIN
브로콜리 & 사과 샐러드 잉글리시 머핀

간식으로 만들어 먹기 좋은 과일 샐러드를 필링으로 활용했다.
사과와 브로콜리의 건강한 조합이 돋보인다.

INGREDIENTS
샌드위치 구성

잉글리시 머핀 [1/2개]
연겨자 마요네즈 [10g]
▼
달걀프라이 [1개]
브로콜리 마요네즈 [15g]
사과 샐러드 [40g]
체더 슬라이스 치즈 [1장]
토마토 슬라이스 [1개]
크리스피아노 [20g]
▲
연겨자 마요네즈 [10g]
잉글리시 머핀 [1/2개]

HOW TO MAKE
샌드위치 만들기

사과 샐러드
사과 1/3개, 레몬즙 10g, 마요네즈 15g, 연겨자 5g, 꿀 10g, 소금 약간, 후추 약간
1 껍질을 벗기지 않은 사과를 0.3cm 두께로 슬라이스한다.
2 볼에 ①, 레몬즙, 마요네즈, 연겨자, 꿀, 소금, 후추를 넣고 섞는다.
   tip 사과에 미리 소금을 뿌려서 수분을 뺀 뒤 다른 재료와 섞으면 수분이 덜 생긴다.

브로콜리 마요네즈
브로콜리 30g, 소금 약간, 마요네즈 10g, 후추 약간
1 브로콜리는 먹기 좋은 크기로 잘라 끓는 물에 소금과 함께 넣고 데친 후 식힌다.
   이때 찬물로 식혀야 신선한 초록색이 유지된다.
2 볼에 1cm 크기로 자른 ①의 브로콜리, 마요네즈, 후추를 넣고 버무린다.

연겨자 마요네즈
마요네즈 30g, 연겨자 5g, 꿀 5g, 후추 약간
1 볼에 모든 재료를 넣고 섞는다.

완성하기
1 잉글리시 머핀을 가로로 반을 가른 다음 안쪽 면에 연겨자 마요네즈를 10g씩 펴 바른다.
2 ①의 아래쪽 잉글리시 머핀 위에 크리스피아노를 얹고 토마토 슬라이스, 체더 슬라이스 치즈를 올린다.
3 사과 샐러드, 브로콜리 마요네즈, 달걀프라이를 차례대로 올린다.
   tip 달걀프라이는 소금, 후추로 간한다.
4 ①의 위쪽 잉글리시 머핀을 덮는다.

↘ 연겨자 마요네즈

↘ 포장하기

TORTILLA

토르티아 · 핫도그 · 떡 · 샐러드

HOTDOG BUNS

RICE CAKE

SALAD

· *Tortilla* ·

FRIED SHRIMP TORTILLA
새우튀김 토르티아

아삭한 채소 위에 먹음직스러운 새우튀김을 올려 돌돌 말아 만든 토르티아 샌드위치.
휴대하기도 간편하고 맛도 있어 색다른 즐거움을 선사한다.

INGREDIENTS
샌드위치 구성

오이피클 슬라이스 [6개]
새우튀김 [2개]
당근채 [30g]
오이채 [15g]
양상추 [40g]
로메인 [20g]
▲
레몬 머스터드 마요네즈 [20g]
토르티아(10인치) [1장]

HOW TO MAKE
샌드위치 만들기

새우튀김
새우(중하) 2개, 소금 약간, 후추 약간, 밀가루 50g, 달걀 1개, 빵가루 50g
1 새우는 껍질을 벗기고 꼬치를 사용해 등쪽에 있는 내장을 제거한 다음 소금, 후추로 간한다.
2 달걀은 거품기로 풀어 알끈을 제거한다.
3 ①의 새우에 밀가루, 달걀, 빵가루를 차례대로 묻힌다.
4 180℃ 기름에 넣고 튀긴다.

레몬 머스터드 마요네즈
레몬 1개, 마요네즈 50g, 옐로 머스터드 10g, 꿀 20g, 소금 약간
1 레몬은 껍질째 강판에 갈아서 제스트를 만들고 과육으로 즙을 낸다.
2 볼에 ①의 레몬 제스트와 레몬즙, 마요네즈, 옐로머스터드, 꿀, 소금을 넣고 섞는다.

완성하기
1 토르티아에 레몬 머스터드 마요네즈를 펴 바른다.
2 ① 위에 로메인, 양상추를 얹고 오이채, 당근채, 새우튀김, 오이피클 슬라이스를 차례대로 올린다.
3 토르티아를 돌돌 말다가 양쪽 옆부분을 가운데로 모아 접고 다시 돌돌 만다.
   tip▶ 토르티아는 전자레인지에 10초 정도 혹은 팬에 살짝 데운 후 바로 말아야 옆이 터지지 않는다.
   전자레인지에 돌리고 시간이 지나면 다시 뻣뻣해진다.

⌐ 레몬 머스터드 마요네즈   ⌐ 포장하기

Tortilla
ROAST CHICKEN SALSA TORTILLA
로스트 치킨 살사 토르티아

로스트 치킨에 양송이버섯을 더해 푸짐하게 마무리한 샌드위치.
매콤달콤한 토마토 살사 소스를 가미한 후 토르티아에 먹기 좋게 말아냈다.

INGREDIENTS
샌드위치 구성

매콤 살사 소스 [30g]
양송이버섯 구이 [20g]
로스트 치킨 [80g]
토마토 슬라이스(반원형) [2개]
양상추 [30g]
로메인 [15g]
▲
마요네즈 [10g]
토르티아(12인치) [1장]

HOW TO MAKE
샌드위치 만들기

로스트 치킨
닭가슴살 130g, 소금 약간, 후추 약간, 올리브오일 20g, 월계수 잎 1장, 통후추 10알
1 닭가슴살은 힘줄을 제거해 깨끗이 씻은 다음 물기를 닦고 소금, 후추, 올리브오일, 월계수 잎, 통후추를 넣어 30분 정도 재운다.
2 팬에 ①의 닭가슴살을 구운 다음 먹기 좋은 크기로 자른다.

양송이버섯 구이
양송이버섯 5개, 올리브오일 약간, 소금 약간, 후추 약간
1 양송이버섯을 0.3cm 두께로 슬라이스한다. 사용하기 전 젖은 타월로 양송이버섯에 묻은 이물질을 닦아낸다.
2 팬에 올리브오일을 두르고 양송이, 소금, 후추를 넣어 양송이 버섯을 굽는다.

매콤 살사 소스
살사 소스(시판용) 40g, 설탕 5g, 고추장 5g, 베트남 고추 1개
1 냄비에 살사 소스, 설탕, 고추장, 베트남 고추를 넣고 끓여 농도를 조절한 다음 식힌다.
    tip 살사 소스는 라코스테냐 살사(La Costena Salsa)를 사용했다.

완성하기
1 토르티아에 마요네즈를 펴 바른 다음 로메인, 양상추를 얹는다.
2 토마토 슬라이스, 로스트 치킨, 양송이버섯구이를 올리고 매콤 살사 소스를 뿌린다.
    tip 토마토는 0.5cm로 잘라 소금, 후추 간을 한 다음 물기를 제거해 사용한다.
3 돌돌 말다가 양쪽 옆부분을 가운데로 모아 접고 다시 돌돌 만다.

↳ 매콤 살사 소스

↳ 포장하기

· Tortilla ·
PORK CUTLET TORTILLA
돈가스 토르티아

부드러운 살코기로 만든 돈가스가 주인공.
소화를 돕는 상큼한 파인애플을 함께 넣었다.

INGREDIENTS
샌드위치 구성

빨간 파프리카 슬라이스 [1/4개]
양파 슬라이스 [20g]
파인애플 슬라이스(통조림) [1개]
돈가스 소스(시판용) [30g]
돈가스 [100g]
양상추 [20g]
로메인 [20g]
▲
연겨자 마요네즈 [10g]
토르티아(12인치) [1장]

HOW TO MAKE
샌드위치 만들기

돈가스
돼지고기 안심(돈가스용) 100g, 다진 마늘 10g, 소금 약간, 후추 약간,
달걀 1개, 밀가루 30g, 빵가루 100g

1 돼지고기 안심을 2㎝ 두께로 자른 다음 마늘, 소금, 후추로 간한다.
2 달걀은 거품기로 풀어 알끈을 제거한다.
3 ①의 고기에 밀가루, 달걀, 빵가루를 차례대로 묻힌다.
4 180℃ 기름에 노릇하게 튀긴다.

연겨자 마요네즈
마요네즈 50g, 연겨자 10g

1 볼에 마요네즈, 연겨자를 넣고 섞는다.

완성하기
1 토르티아에 연겨자 마요네즈를 펴 바른다.
2 ① 위에 로메인, 양상추를 얹고 돈가스 소스를 바른 돈가스를 올린다.
3 파인애플 슬라이스, 양파 슬라이스, 빨간 파프리카 슬라이스를 올린다.
  파인애플 슬라이스는 반으로 잘라 팬에 구워 사용한다.
  tip 양파는 0.3㎝로 슬라이스해 물에 담가 매운 맛을 제거한 다음 물기를 닦아 사용한다.
4 돌돌 말다가 양쪽 옆부분을 가운데로 모아 접고 다시 돌돌 만다.

↘ 연겨자 마요네즈

↘ 포장하기

· Hotdog Buns ·
BULGOGI HOT DOGS
불고기 핫도그

불고기와 채소의 합은 언제나 옳다.
불고기에 쌈무까지 곁들이니 맛은 물론 식감까지 조화롭다.

INGREDIENTS
샌드위치 구성

체더 슬라이스 치즈 [1장]
토마토 슬라이스(반원형) [3개]
양파 슬라이스(볶은 것) [10g]
쌈무 [20g]
불고기 [50g]
크리스피아노 [25g]
▲
연겨자 마요네즈 [10g]
핫도그 빵 [1개]

HOW TO MAKE
샌드위치 만들기

연겨자 마요네즈
마요네즈 20g, 연겨자 5g
1 볼에 마요네즈, 연겨자를 넣고 섞는다.

불고기
소고기(앞다리살) 100g, 불고기 양념(시판용) 20g, 다진 마늘 2g
1 볼에 먹기 좋은 크기로 자른 소고기, 불고기 양념, 다진 마늘을 넣고 버무린다.
2 팬에 양념에 잰 고기를 넣고 익힌다.

완성하기
1 핫도그 빵 가운데에 가로로 칼집을 낸 다음 안쪽 면에 연겨자 마요네즈를 펴 바른다.
2 ①의 아래쪽 핫도그 빵 위에 크리스피아노를 얹고 불고기를 올린다.
3 쌈무를 접어서 넣고 양파 슬라이스, 토마토 슬라이스를 올린다.
   tip 토마토는 0.5㎝로 슬라이스해 소금, 후추로 간한 다음 물기를 제거하고
       양파는 0.3㎝로 슬라이스해 볶는다.
4 체더 슬라이스 치즈를 올린다.

↘ 연겨자 마요네즈

↘ 포장하기

Hotdog Buns
MUSHROOM HAMBURGER
양송이버섯 햄버거

뉴욕 여행 중 고기 대신 버섯을 가득 채운 햄버거를 발견하곤 호기심 가득한 마음으로 주문해 먹은 적이 있다.
채식을 선호하는 이에게, 건강한 식사를 원하는 이에게 권하는 레시피다.

INGREDIENTS
샌드위치 구성

햄버거 빵 [1/2개]
사우전아일랜드 [10g]
▼
체더 슬라이스 치즈 [1장]
달걀프라이 [1개]
오이피클 슬라이스 [3개]
양송이버섯 볶음 [50g]
토마토 슬라이스 [1개]
양상추 [15g]
크리스피아노 [15g]
로메인 [10g]
▲
사우전아일랜드 [10g]
햄버거 빵 [1/2개]

HOW TO MAKE
샌드위치 만들기

사우전아일랜드
토마토 케첩 20g, 마요네즈 20g, 다진 양파 10g, 다진 오이피클 20g
1 볼에 토마토 케첩, 마요네즈, 다진 양파, 다진 오이피클, 소금, 후추를 넣고 섞는다.

양송이버섯 볶음
양송이버섯 100g, 올리브오일 약간, 소금 약간, 후추 약간
1 팬에 슬라이스한 양송이, 올리브오일, 소금, 후추를 넣고 익힌다.

완성하기
1 햄버거 빵을 가로로 반을 다른 다음 안쪽 면에 사우전아일랜드를 10g씩 펴 바른다.
2 ①의 아래쪽 햄버거 빵 위에 로메인, 크리스피아노, 양상추를 얹는다.
3 토마토 슬라이스, 양송이버섯볶음, 오이피클 슬라이스를 차례대로 올린다.
4 달걀프라이, 체더 슬라이스 치즈를 올리고 ①의 위쪽 햄버거빵을 덮는다.
   tip 달걀프라이는 소금, 후추로 간해 완전히 익힌다.

↳ 사우전아일랜드

↳ 포장하기

· Hotdog Buns ·
TOMATO & AVOCADO SALAD HOT DOGS
토마토 아보카도 샐러드 핫도그

단조로운 핫도그 구성에 싱그러운 채소로 변화를 준 메뉴.
소시지 위로 깍둑썰기한 채소를 한껏 올려 식감을 살리고, 매콤한 소스로 맛과 향을 가미했다.

INGREDIENTS
샌드위치 구성

스리라차 소스 [적당량]
스위트 칠리소스 [적당량]
토마토 아보카도 샐러드 [40g]
부어스트 소시지 [1개]
크리스피아노 [10g]
이자벨 [5g]
▲
디종 마요네즈 [10g]
핫도그 빵 [1개]

HOW TO MAKE
샌드위치 만들기

토마토 아보카도 샐러드

토마토 50g, 아보카도 30g, 오이피클 30g, 양파 20g, 레몬즙 10g,
소금 약간, 후추 약간, 파슬리 약간

1 토마토, 아보카도, 오이피클, 양파를 0.8㎝ 크기로 깍둑썰기한다.
2 볼에 ①, 레몬즙, 소금, 후추, 파슬리를 넣고 섞는다.

디종 마요네즈

마요네즈 30g, 디종 머스터드 10g, 레몬즙 10g

1 볼에 마요네즈, 디종 머스터드, 레몬즙을 넣고 섞는다.

완성하기

1 핫도그 빵 가운데 부분에 가로로 칼집을 낸 다음 안쪽 면에 디종 마요네즈를 펴 바른다.
2 ①의 아래쪽 핫도그 빵 위에 크리스피아노, 이자벨을 얹는다.
3 부어스트 소시지를 올린다. 부어스트 소시지는 끓는 물에 2분 정도 데쳐 사용한다.
4 토마토 아보카도 샐러드를 올리고 스위트 칠리소스, 스리라차 소스를 뿌린다.

↳ 디종 마요네즈

↳ 포장하기

· Hotdog Buns ·
MINI HOT DOGS
미니 핫도그

소시지와 머스터드 소스의 고전적 조합을 선보이는 핫도그.
고소하게 볶은 양파에 할라페뇨와 머스터드 소스를 추가해 매콤 씁쌀한 맛까지 더했다.

INGREDIENTS
샌드위치 구성

허니 머스터드 마요네즈 [적당량]
미니 소시지 [1개]
다진 할라페뇨 [4g]
다진 오이피클 [4g]
양파 슬라이스(볶은 것) [5g]
크리스피아노 [5g]
▲
허니 머스터드 마요네즈 [15g]
미니 핫도그 빵 [1개]

HOW TO MAKE
샌드위치 만들기

허니 머스터드 마요네즈
마요네즈 40g, 옐로 머스터드 10g, 꿀 20g, 소금 약간, 후추 약간
1 볼에 마요네즈, 옐로 머스터드, 꿀, 소금, 후추를 넣고 섞는다.

완성하기
1 미니 핫도그 빵을 가로로 반 갈라 속을 살짝 떼어낸 다음
  안쪽 면에 허니 머스터드 마요네즈를 펴 바른다.
2 ①의 아래쪽 미니 핫도그 빵 위에 크리스피아노를 얹고 양파 슬라이스, 다진 오이피클,
  다진 할라페뇨를 올린다. 양파 슬라이스는 팬에 넣고 소금을 뿌린 뒤
  너무 무르지 않을 정도로만 볶아서 사용한다.
3 미니 소시지를 올린다. 미니 소시지는 끓는 물에 2분 정도 데쳐 사용한다.
4 허니 머스터드 마요네즈를 뿌린다.

↘ 허니 머스터드 마요네즈   ↘ 포장하기

· Rice Cake ·
HAM & EGG RICE CAKE SANDWICH
햄 에그 증편 샌드위치

증편은 쌀가루에 막걸리를 넣고 발효시켜 찐 떡으로 식감이 부드러워 빵 대신 사용하기에 좋다.
밀가루가 들어가지 않는 샌드위치를 먹고자 할 때 손색없는 재료다.

INGREDIENTS
샌드위치 구성

증편(지름 11㎝) [1장]
옐로 머스터드 마요네즈 [7.5g]
▼
체더 슬라이스 치즈 [1장]
슬라이스 햄 [3장]
토마토 슬라이스 [1개]
달걀프라이 [1개]
이자벨 [20g]
카이피라 [10g]
▲
옐로 머스터드 마요네즈 [7.5g]
증편(지름 11㎝) [1장]

HOW TO MAKE
샌드위치 만들기

옐로 머스터드 마요네즈
마요네즈 10g, 옐로 머스터드 5g
1 볼에 마요네즈, 옐로 머스터드를 넣고 섞는다.

달걀프라이
달걀 1개, 소금 약간, 후추 약간, 올리브오일 약간
1 타르트팬이나 마들렌느컵(지름 5㎝ 정도 크기)에 달걀을 넣고 소금, 후추, 올리브오일을 뿌린 후 170℃ 오븐에서 5분 정도 익힌다.
   > tip 이 방식을 이용하면 달걀프라이의 모양이 안정적으로 예쁘게 나오고 여러 개를 한 번에 작업할 수 있어 단체 주문 시 시간이 절약된다. 단, 오븐에서 너무 오래 익히면 얇은 막이 생겨 질겨지므로 시간에 주의해야 한다.

완성하기
1 증편 안쪽 면에 옐로 머스터드 마요네즈를 7.5g씩 펴 바른다.
2 ①의 증편 1장 위에 카이피라, 이자벨을 얹는다.
3 달걀프라이, 토마토 슬라이스, 슬라이스 햄을 올린다. 슬라이스 햄은 팬에 넣고 후추를 뿌린 다음 살짝 익혀서 사용한다.
   > tip 달걀프라이는 소금, 후추로 간해 잘 익히고 토마토 슬라이스는 소금, 후추로 간한 다음 물기를 제거해 사용한다.
   > tip 슬라이스 햄은 햄스빌 바로먹는 햄 목살을 사용했다.
4 체더 슬라이스 치즈를 올리고 ①의 나머지 증편 1장을 덮는다.

↘ 옐로 머스터드 마요네즈

↘ 포장하기

· Salad ·
ORANGE & SMOKED DUCK SALAD
오렌지 훈제오리 샐러드

지방중에서도 좋은 지방인 불포화지방이 많은 오리고기는 성인병예방에도 효능이 좋다.
훈제오리에 상큼한 오렌지, 호두, 채소를 곁들인 샐러드는 한 끼 식사로도 훌륭하다.

INGREDIENTS
샐러드 구성

레몬 허니 드레싱 [60g]
아몬드 [20g]
오렌지 [1/2개]
방울토마토 [3개]
훈제오리 [90g]
쌈무 [15g]
믹스 채소 [80g]

HOW TO MAKE
샐러드 만들기

믹스 채소
로메인 50g, 양상추 20g, 치커리 20g, 어린잎채소 10g
1 모든 재료를 흐르는 물에 3번 이상 씻은 다음 물기를 제거하고 한입 크기로 자른다.

레몬 허니 드레싱
레몬즙 30g, 꿀 30g, 올리브오일 60g, 소금 약간, 후추 약간
1 볼에 모든 재료를 넣고 거품기로 고르게 섞는다. 이때 기름, 레몬즙, 꿀이 잘 유화되도록 섞어야 한다.

완성하기
1 쌈무는 반을 접어 3등분한다.
2 훈제오리는 팬에 넣고 바삭하게 구워 기름을 빼거나 180℃ 오븐에서 기름이 빠질 때까지 굽는다.
3 방울토마토는 반으로 자른다. 이때 색을 고르게 섞어 사용해야 용기에 담았을 때 보기 좋다.
4 오렌지는 위아래를 살짝 잘라내 평평하게 만든 후 겉껍질과 속껍질을 제거하고, 흰 부분이 남지 않도록 과육을 발라낸다.
5 아몬드는 180℃ 오븐에서 3분 정도 구운 다음 2~3조각으로 자른다.
6 샐러드 용기에 믹스 채소, ①~⑤의 모든 재료를 보기 좋게 담는다.

↖ 레몬 허니 드레싱

· Salad ·
TOMATO & MOZZARELLA SALAD
토마토 모차렐라치즈 샐러드

비타민, 무기질의 공급원인 토마토에 칼슘이 풍부한 치즈와 바질 향기를 더한 샐러드이다. 모차렐라치즈를 작은 볼 형태로 만든 보코치니치즈와 방울토마토의 조화가 흥미롭다. 카프레제의 미니 버전같은 느낌이다.

INGREDIENTS
샐러드 구성

바질페스토 소스 [60g]
블랙올리브 [10g]
보코치니치즈 [6개]
방울토마토 [9개]
믹스채소 [60g]

HOW TO MAKE
샐러드 만들기

믹스 채소
치커리 60g, 레드치커리 60g, 루콜라 5g
1 모든 재료를 흐르는 물에 3번 이상 씻은 다음 물기를 제거하고 한입 크기로 자른다.

바질페스토 소스
바질페스토(시판용) 20g, 올리브오일 40g, 소금 약간, 후추 약간
1 볼에 모든 재료를 넣고 섞는다.

완성하기
1 방울토마토는 반으로 자른다. 이때 색을 고르게 섞어 사용해야 용기에 담았을 때 보기 좋다.
2 보코치니치즈는 반으로 자른다.
   tip 보코치니치즈는 냉동 제품이므로 하루 전에 사용할 양만 따로 냉장고에 넣어 해동해 사용한다.
3 블랙올리브는 3~4등분으로 자른다. 슬라이스 캔을 사용할 경우 물기를 제거해 사용한다.
4 샐러드 용기에 믹스 채소, ①~③의 모든 재료를 담고 바질페스토 소스를 버무린다.

↖ 바질페스토 소스

· Salad ·
GREEK SALAD
그리스식 샐러드

계절 채소에 시원한 오이와 짭쪼름한 페타 치즈를 얹어
신선한 올리브오일을 듬뿍 뿌린 영양이 풍부한 건강 샐러드이다.

INGREDIENTS
샐러드 구성

그라나파다노치즈 [적당량]
레몬 드레싱 [60g]
페타치즈 [50g]
레드키드니빈(시판용) [30g]
블랙올리브 [3개]
노란 파프리카 [1/4개]
적양파 [1/3개]
오이 [1/3개]
방울토마토 [5개]
믹스 채소 [80g]

HOW TO MAKE
샐러드 만들기

믹스 채소
청상추 110g, 꽃상추 50g, 라디치오 40g
1 모든 재료를 흐르는 물에 3번 이상 씻은 다음 물기를 제거하고 한입 크기로 자른다.

레몬 드레싱
올리브오일 50g, 화이트와인식초 15g, 레몬즙 15g, 꿀 15g
디종 머스터드 6g, 소금 약간, 후추 약간
1 볼에 모든 재료를 넣고 거품기로 고르게 섞는다.

완성하기
1 방울토마토는 껍질을 벗겨 반으로 자른 다음 올리브오일(분량 외)에 살짝 버무린다.
   tip 방울토마토의 윗부분에 칼집을 내 끓는 물에 살짝 넣었다가 뺀 다음
        찬물에 넣어 식히면 껍질을 벗기기 쉽다.
2 오이는 반으로 갈라 씨를 제거하고 먹기 좋은 크기로 자른다.
3 적양파는 곱게 채 썬다.
4 노란 파프리카는 먹기 좋은 크기로 자른다.
5 블랙올리브는 3~4등분으로 자른다. 슬라이스 캔을 사용할 경우 물기를 제거해 사용한다.
6 샐러드 용기에 믹스 채소, ①~⑤의 모든 재료, 레드키드니빈, 페타치즈를 보기 좋게 담는다.
   tip 레드키드니빈은 혼합 콩으로 대체할 수 있다. 혼합 콩은 20분 정도 삶아서
        찬물에 식힌 다음 올리브오일, 소금, 후추로 간해 사용한다.
7 레몬 드레싱을 골고루 뿌리고 그레이터에 간 그라나파다노치즈로 장식한다.

↖ 레몬 드레싱

BAKERY CAFE SANDWICH
베이커리 카페 샌드위치

저　자 | 김정윤
발행인 | 장상원
편집인 | 이명원

초판 1쇄 | 2021년 9월 2일
　　4쇄 | 2025년 2월 10일

발행처 | (주)비앤씨월드 출판등록 1994.1.21 제 16-818호
주소 | 서울특별시 강남구 선릉로 132길 3-6 서원빌딩 3층
전화 | (02)547-5233　팩스 | (02)549-5235　홈페이지 | www.bncworld.co.kr
블로그 | http://blog.naver.com/bncbookcafe　인스타그램 | www.instagram.com/bncworld_books
디자인 | 박갑경　사진 | 허인영(STUDIO HER)　스타일링 | 이아연(앤드밀 스튜디오)
협찬 | 뉴통주식회사, (주)제이원제이코리아

ISBN | 979-11-86519-45-5　13590

text ⓒ 김정윤, B&C WORLD LTD., 2021 printed in Korea
이 책은 신 저작권법에 의해 한국에서 보호받는 저작물이므로
저자와 (주)비앤씨월드의 동의 없이 무단전재와 무단복제를 할 수 없습니다.